# 数字化颠覆

## THE TECHNOLOGY TAKERS
## LEADING CHANGE IN THE DIGITAL ERA

[英]延斯·P.弗兰丁 [英]吉纳维芙·M.格拉蒙 [英]塞拉·Q.考克斯 著

风君 译

人民东方出版传媒
People's Oriental Publishing & Media

东方出版社
The Oriental Press

# 目　录

# 图表目录

# 前言

## 为何阅读本书?

如果你尚在对如何跨入当前这场数字时代竞争迟疑不决,如果你曾眼见其他人耗费无数金钱进行技术尝试却最终一无所获,心有戚戚不愿重蹈覆辙,又或者,你正对自己的组织机构是否被过时技术套牢而忧心不已,那么,本书便是专门为你而准备的。

我们在书中提供了一种经证实可行的方法,助你在维持较低业务风险的同时获取新技术所带来的收益。我们带来的策略简单易行,其通过对现有条件技术的最优化利用来赢得当前的技术竞赛,而非试图事必躬亲,什么都由自己发明创造。当然,要接纳新技术,需要你本身具有不断学习并持续改变的意愿。只要你认可这一点,那便与我们一同开启书中之旅吧。

## 观点概述

数字时代的技术令组织机构转变为"技术接受者",这一概念大致与经济学中的"价格接受者"相对应。作为技术接受者,就要对现代技术进行收益转化的行为加以认同。本书为技术接受者提供了一系列战术策略，以助其应对变化，创造价值，并探索数字时代的战略机遇。

## 主要内容汇总

21世纪数字时代技术的使用者是所谓的"技术接受者"，他们只能被动接受市场给予其的技术并对自身进行相应调整。与那些缺乏市场定价权的小企业，也就是经济学上所说的"价格接受者"相类似，如今的企业管理者，正日益丧失对自身企业所用的数字时代技术的定制能力。技术接受者对其所采用技术的功能影响力甚微；他们没法指望Facebook、Google、iPhone、区块链、云技术企业资源规划系统或其他颠覆性技术会为了自己加以改进或者个性化定制。

对于这些企业领袖和管理者，无力对可用信息技术加以改变的现状是不小的冲击。基于云计算的技术，其设定流程均由他人制定，每次技术有所演变，用户都必须亦步亦趋。但是故步自封，拒绝采纳数字技术，甚至不愿去适应数字时代的做法越来越行不通了。数字时代的变化时刻都在发生，而且会持续改变人们的行为。身为企业领导者，必须对这些变化作出回应，否则只会落于人后。而变化的持续性意味着企业组织也要亦步亦趋，时刻跟进，想要依靠一次性的变革管理或改革项目来获得成功的做法已经不再可行了。

要对这些行为转变式的技术加以有效接纳和快速适应，精明的领导者应对自身领导技巧加以改变，并以此作为数字时代的实行策略。本书恰为技术接受者们提供了一整套关于如何应对变化、创造价值并探索数字时代机遇的战略，其立足于最新调研和案例研究，借以阐述新时代对于技术接受者来说到底有何深刻含意。企业组织及其管理者可从书中领悟变革领导力的演绎，我们在此尤为强调的是数字时代变革管理所具有的迭代性质。本书也对技术接受者如何通过数据流分析创造价值，以及积极应对数字时代的挑战有何作用等问题进行了阐述。

第 1 章

黑天鹅遍地的数字时代

数字时代的信息技术，正使组织机构逐步转变为"技术接受者"，其行为特征可等同于经济学中所定义的"价格接受者"。[1]后者是指在一个完全竞争的市场中，买家对于想要获取的商品，无法进行定价；作为价格接受者，其仅能被动接受市场所给定的价格。[2]同理，21世纪的技术发展也已经远超过任何单个组织机构所能影响的范畴，更遑论根据自身具体需求进行技术定制的要求了。[3]组织的领导者也已经蜕变为技术的接受者，他们不得不对自身工作的实践行为加以改变，来适应现代信息技术市场所给予他们的一切。[4]

数字时代的技术可谓日新月异，时刻都在基于云计算进行更新，且对任何组织企业都一视同仁，绝无优待。当前技术要求其使用者作出两种回应：首先，他们通过技术所规定流程来开展自身工作，以此接纳该技术；其次，他们通过改变自身行为模式来适应不断变化的技术，以对其加以更高效地运用。[5]使用者在此过程中提升了效率，但付出的代价是自治权的丧失，因为在使用者是否因技术运用而需作出相应行为改变的判断问题上，数字时代技术往往会越俎代庖。正如多数人无法抗拒我们的现代化生活所仰仗的整套技术体系一样，技术的使用者也无力拒绝那些通过不断更新的系统所强加于他的、几乎时刻都在发生的变化。[6] 对于数字时代的技术，使用者只能抱着顺其自然的态度，并以一种当代所独有的方式来回应。

## 只要使用智能手机，你就是技术接受者！

当前数字时代技术的基本特征便是其强制性要求使用者接受自身流程和系统。随着基于云技术的产品逐步占据主流，如今的组织领导者对工作场合中所用到技术功能的影响力可谓日渐式微。既然无法改变技术，那么使用者自身就要被改变。[7] 与此相反的是，20 世纪的技术在多数情况下只是对既有过程的电子化赋能而已，其并不会对使用者行为造成任何实质性的改变。

我们可以对比一下传统手机和智能手机使用者所采取的不同行为模式。代表 20 世纪技术的传统手机可以通过便携设备实现对话，而无须以往的接线固定电话，但是这一过程中人们的表达方式和信息的获得途径并未发生改变。然而，在代表 21 世纪数码时代的智能手机登场后，该技术却以一种始终嵌入式的系统变化令使用者的行为也随之发生嬗变。智能手机可以接入语音、互联网、文本乃至全球定位数据，令人们与信息和数据流发生接触的场合、方式乃至具体种类都发生了深刻变化。智能手机使用者便是苹果（Apple）或 Alphabet（译注：Google 重组后的总公司名）所提供选项的技术接受者。使用者并不能指定他们手机的操作系统，而智能手机的运用却已经主宰了现代生活的方方面面，使用者从早上睁开眼睛，直到夜晚暗屏入睡，几乎须臾离不得智能手机。

与此类似，定制化企业资源规划（ERP）系统可令企业将现有业务过程转化为特定电子流程。在当今电子时代，接受"软件即服务"（SaaS）模式的组织已无法对其在市面上可购得的那些基于云技术的 SaaS 流程施加任何影响。[8] 相反，SaaS 会界定并不断重新诠释其共享的全局性应用流程，而使用者对此唯有加以适应。一些 SaaS 系统，如 Office365、Dropbox、GoToMeeting、SAP Concur、SalesForce 和 WebEx 等应用已几乎无处不在。这些应用要求使用者始终接受其最新流程更改，并确保使用者个人行为作出相应改变以适应这些流程的使用。即使是协同性技术也一样要求所有使用者对技术的同等接受程度，在 WebEx 或 GoToMeeting 上，如果某个菜鸟使用者在麦克风静音或是共享屏幕的操作上笨手笨脚的，那所有与会者就都不可能指望有一次高效明了的在线会议体验。

如同 SaaS 一样，数据即服务（DaaS）和区块链即服务（BaaS）也同属于技术服务。使用者必须遵从服务的命名约定及其对数据的拆分方式，而无法对此加以修改。

数字时代的技术平台也对使用者黏性和忠诚度有所要求。例如区块链，本质上就是一个平台，一个循序公开记录交易的分布式数据总账。基于区块链，软件公司已开发了各种应用软件，程序员也开发出相应开源应用。公司也可以用区块链（包括 BaaS）来编写自己的应用程序。从实现过程来看，区块链可被视为一种服务。使用者可以以不同方式运用区块链，但是不能改变这种分布式账本运作的方式。

数字时代的另一个特征是人工智能（AI）的使用和相关研发。作为 AI 编程语言的 Python，是一种技术工具。Python 并不要求使用者遵从已界定的作业流程，因为以 Python 编写的应用本身就是针对具体业务流程定义进行构建的。不过，对于嵌入到某些硬件设备中的 AI 软件，或是部分应用软件中带有的 AI 算法，一般使用者若想要更改是无能为力的。使用者对此也只能接受。所谓机器人其实便是由这种嵌入 AI 的硬件和软件来控制的。而机器人学作为信息技术的机械工程化应用，可以说正是数字时代的具现方式。

## 接受一部 iPhone，就接受了它的游戏规则？

技术接受者与数字时代技术之间的关系与小企业与全球化市场间的关系颇为类似。小公司和个人消费者的交易无法影响商品的市场价格。这种价格是由供需关系带来的更大力量所决定的。这些企业必须以市场普遍价格来销售自己的产品，并以其他非价格因素来实现产品区分。这些小企业就是所谓的"价格接受者"，它们通过降低生产成本，增加销量或其他自身努力来获取盈利。

导致价格接受出现的完全竞争经济模型所给出的一系列假定，也可以在技术接受的行为模型中加以类推。[9] 在一个完全竞争市场，商品完全同质化，彼此无法区分。这个市场中有众多的买者和卖者；其数量之多，以至于没有人可以影响市场价格。尽管完全竞争市场中已经有了许多竞争企业，但更多的企业也可随时进入或退出市场。最后，完全竞争模型假定每个市场参与者都拥有对市场价格和业务运营的完全信息，且该信息获取成本可忽略不计。

数字时代的技术接受现状与支撑微观经济学中价格接受假定的理想市场颇为类似。在完全竞争市场模型中，有众多买者和卖者，所提供的产品也十分同质化。就好像智能手机，不管制造商是哪一家，也不管其系统是 Apple 还是 Alphabet，其总体供过于求，且从产品范畴来看非常相似。数字时代的应用要么有全球适用流程，以便销售给世界各地不同的组织（SaaS），要么就是针对公众的零成本普及型应用（Facebook、Instagram、Snapchat、Google 等）。较低的一般成本或相对成本让消费数字时代技术的获得变得轻而易举。例如基于 SaaS 的 ERP 相比其替代项（可定制化 ERP）就更为廉价，原因是定制化系统的买家所需承担的更新和维护成本会随时间不断增加。

在完全竞争市场中，价格接受者的市场进入和退出成本很低。没有规定限制的话，任何人都可以开个店卖蔬菜、熟食或杂货之类的；而如果生意不赚钱，关了就是。与此类似，推动技术接受潮流的 21 世纪技术很少会在采用时特别青睐或专属于某个使用者或组织。而且，一些数字时代技术在消费过程中是免费提供的，比如亚马逊、Google 和 Facebook。实质上，几乎所有现代消费技术都是基于互联网的，而后者本身的准入资格和成本都很低。

　　小企业无法选择从市场抽身而出，因为市场正是它们赖以维持运营和发现客户的生态环境。而这一环境是不可替代的。智能手机和 SaaS 的使用者同样不能只使用其操作系统技术的一部分而弃用另一部分。接受了一部 iPhone 或一套云计算 ERP 的一部分，也就是接纳了整个生态系统；这两者均要求使用者完全接纳其所提供的产品。是的，一个使用者可以从不打开他智能手机上的地图应用，但该应用却始终在后台运行，其全球定位系统一直拥有授权，而数据流也被持续上传到云端。而当这名使用者通过他的智能手机访问 Facebook 或 Google 时，这些系统就可以从该使用者的手机获得其定位数据，并匹配预设的 Facebook 或 Google 体验。

　　而且，数字时代技术的定价和功能相关信息几乎都以极低成本提供给所有对此感兴趣的使用者。[10] 智能手机上的应用程序要么免费，要么价位极低，而这些应用则赋予了如今随手可得的智能手机以几乎无穷的功能。同时，现代技术的相关信息也十分充裕，且通常正是通过这些技术所依赖的云计算系统加以传播的。

## Google 的零价位决策

　　技术接受者的概念在不同竞争水平的不同类型市场中均可加以运用。对一些数字时代技术，接受者是因为技术的垄断或寡占而被迫接受自身定位的。价格（或我们此处的技术接受）之所以固定，要么是因为选择太多，要么就是选择太少，以至于无法满足需求。在供不应求的市场中，定价（或首选合理的技术提供）通常会高到反常：单一技术选项仅限于那些有能力获取并购买的人使用。多一个使用者对技术的需求所带来的边际效应为零，但其理由和完全竞争市场不同。在垄断局面下，技术制定者将决定市场的运作，因为需求已变得无关紧要。[11]

Google 在互联网搜索领域几乎具有垄断地位，不过其却作出了零价位的决策。社交网络领域的垄断者 Facebook 亦是如此。这些技术的使用者也是抱着既用之则安之的态度，对产品提供本身几乎无影响力可言。事实上，这些使用者可能并未对使用 Google、Facebook 或亚马逊市场所提供的"免费"服务的真正成本有所深究。数字时代技术所引发的成本，也是技术领域的完全竞争模型与现实交汇之处，简单地说：使用这些技术的成本，就是使用者需要对自身的行为加以改变。

## 被颠覆的行为改变三角

技术接受的情形要求数字时代技术的使用者不断改变自身行为。行为的改变中即蕴含着对这种改变加以应对的明确需求。根据数字时代的定义，变革管理就是一系列可习得的组织技能，用以应对那些思想保守不能作出改变的管理者及其组织，迫使他们承认如今当务之急是：（1）接纳而非抗拒那些正在从根本上改变整个行业的技术；（2）调整行为对技术加以适应，而不是试图按需定制技术。

那些拒绝承认数字时代特殊诉求的人，在实施变革时会将人员、流程和技术这三者同等看待。在古典情境下，要在项目水平推动变革，关键动力来自人员或流程。技术位于行为改变三角的底部而非顶点，因为其对流程为本或以人为本的方式构不成威胁。技术构建模块对于业务转型而言基本处于匮乏状态，其显然不会引发业务转型，且这种匮乏也很少阻碍企业成长。

而在数字时代，技术接受者必须认识到，如今技术已经居于行为改变三角的顶端。由于改变持续不断，且多为技术所推动，工作人员必须运用的流程正日益被技术所裹挟。如今，在应对行为改变时，重中之重成了技术、人员和流程三者的交集（图1）。

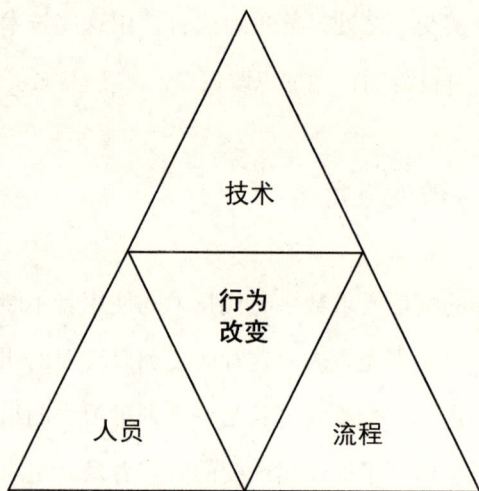

图1　行为改变三角

和那些各行业管理者的咨询顾问们一样，我们也进行了一个实验：我们在地上画出一个行为改变三角，并用线条将其分成流程、人员和技术这几个小三角区块。随后，我们要求学生根据对两个问题的明确答案踏上某个具体的小三角区块。[12] 首先我们要求他们踏入自己过去和当前所在组织中变革项目所发生的三角区块。多数人踏入的是流程三角，一些人则犹豫不决地，甚至有些不好意思地踏入了技术三角。

　　然后，我们要求学生移动到他们认为对组织为履行自身使命所实施的变革项目而言最重要的三角之中。从变革管理的视角来回答这个问题是颇具挑战性的。这一答案也代表了一个组织在数字时代维持成功的同时贯彻自身使命的能力。通常，多数学生会带着如释重负的感觉从流程三角踏入人员三角。少数人留在流程三角，而几乎没有人留在或移动到技术三角中。

　　显然，技术接受的理念并未深入人心。在数字时代来临前，策略工作和变革管理多数聚焦于人员和流程。许多变革管理项目试图确保的是雇用到可匹配客户需求的相应技能拥有者。或者，变革是围绕市场驱动的战略战术活动、生产方式或新设置的战略目标而进行规划的。又或者，内部流程才是 ERP 定制化的出发点。在这些示例中，人员和流程变革会得到技术赋能，以支持预期的或由此产生的行为改变，后者又继而支撑起组织的使命或战略意图。

　　而现如今，技术已跃升至行为改变三角的顶点。21 世纪的技术不再仅仅是对现有流程或行事方式进行复制或赋能；其本身会迫使普遍或特定的实践活动不得不作出相应改变。在 20 世纪 90 年代，企业的首席信息官们几乎无一成功预测到那些传统的、历经考验的商业需求的没落，以及技术优先式接纳过程的兴起。[13] 组织及其领导者必须去拥抱那些正在让从零售（亚马逊）到政治竞选（Facebook）的众多领域发生颠覆性改变的数字时代技术，而不是对其加以排斥。

而且，无论是个人还是组织，都必须调整自身工作行为以适应这些技术，这种对数字时代技术的适应过程从不间断，且永无止境。技术接受者身处一场迭代竞赛之中，其所使用的技术需要不断更新换代。同样，变革管理，包括领导者发起的变革进程也不应有所停歇，且发起者还要具有长远目光。

数字时代技术已不是任何单一组织机构所能够驾驭的存在。然而，有许多组织仍然试图抗击数字时代的必然改变，而不是对其加以接受和应对。这些组织仍固执己见地试图重新界定、再造乃至重塑内部流程。但是并没有哪个使用者能够掌控 Google 搜索的算法，想要单方面对搜索引擎加以改进的想法如今也显得有些不切实际。而正是凭借自身的易用性和全面性，Google 搜索才成为占据主导地位的搜索技术。尽管一些图书馆查询系统仍声称它们自己的专用搜索引擎可以提供优于 Google 的学术搜索功能，[14] 但事实胜于雄辩：Google 已占据搜索引擎市场 72% 的份额，对此其他搜索引擎根本望尘莫及。[15]

在数字时代，徒劳无功的流程再造努力导致的是管理可涵盖领域的丧失。以往，管理者在他们主导发起的专属流程中是毫无疑问的专家权威。而如今，组织流程却被由其所用技术授权的全球标准取而代之。管理者可能会对波及自身的行为改变需求极为抵触，因为这势必让他们的工作角色和职责发生彻底改变。

我们应设法处理好这种抵触心理。技术接受者应关注的是具体的策略，其所致力于的是通过技术的运用避免被其他使用相同技术的企业挤出市场。他们会帮助自己的组织去迎合当前使用技术所要求的流程。技术接受者深知，要利用数字时代技术，就需要对行为作出改变，立足于此才能让企业组织更好地创造价值。

## 使用 Facebook 的代价

作为技术接受者，就要认同这种行为改变。Facebook 为数以亿计的个人使用者提供了免费服务。而作为这种零成本使用社交媒体的代价，使用者就要同意 Facebook 将其个人数据流出售给广告商。而退出 Facebook，就意味着不再有权进入这一社交市场。因此，Facebook 使用者并未选择离开网络世界，而是通过改变自身的行为和预期，来适应 Facebook 的要求。

另一个例子是区块链。区块链让银行得以放宽部分安全措施，尤其是对加密数字货币。这一技术可协调所有使用者的行为，因为区块链并不赋予使用者更改该技术基础的虚拟链接服务器的能力，无人能够逾矩。如果使用者想要利用区块链的低成本、安全和高效的特性，就必须完全接纳区块链的所有体系和要求。这一使用区块链的条件还是颇有吸引力的，即使是对银行、海运公司甚至非营利机构也是如此，例如世界粮食计划署（WFP）就将一套区块链分布式账本模型用在了难民食品计划上。[16]

即使是以独一无二的专属流程著称的麦当劳，也不得不为应对数字时代而改变其组织行为。麦当劳已开始逐步弃用其店外驾车窗口订餐系统，这是该公司花费数十年时间研发的内部技术。相对应的，麦当劳餐厅开始越来越多引导客人在自助式的，外观类似智能手机的互动式屏幕上订餐。[17] 由于智能手机本身的操作流程有很高的全球认可度，因此客户操作起这些自助订餐屏幕来也是驾轻就熟。麦当劳的客户也可以用这套自助订餐技术根据自己的需求来定制汉堡，比如多点番茄酱或是不要腌黄瓜之类。而此举也给麦当劳带来了一场真正的革命，这家由雷·克拉克（Ray Kroc）创立的快餐巨头，其建立伊始便作为汉堡的标准化装配线而存在，连每个汉堡的腌黄瓜片数量都确定为两片。[18] 如今现代客户要求选择权，而麦当劳则运用技术接受来赋予他们选择权。

## 42.6 亿美元的年利润，数据流是怎么做到的？

如同新时代所带来的一切改变一样，组织机构的价值也正通过新技术所赋予的全新方式而得以重生。变革管理的目的就是确保无论组织被施以何种改变，都应该提升而不是贬低组织所承载的使命，且应事实上有助于在整个组织内贯彻这一使命。变革管理应致力于通过技术的运用实现组织创造价值的提升，帮助组织达成自身愿景和使命，并对组织试图达成的目标、其具体运营模式以及运营地点等加以支持。

新技术通过从数据流中获得的信息提供价值创造机会。美国谷物经销商嘉吉公司（Cargill）最近投资建立了一套"数据精炼系统"，用以将粮食产量预测相关数据进行整理加工，从而转化为可付诸实际运用的信息。[19] 作为美国最大的私有企业，嘉吉可通过将其数据分析售卖给农民进行每周产量预测，或是售卖给船运、林业和能源相关的企业，以此为公司的盈亏底线增值。[20] 如同其他数据交易的成功案例所表明的，嘉吉从数据分析中获得的潜在利润可能十分惊人。例如 Facebook 通过将其对使用者数据的分析出售给广告商，在 2017 年所获利润高达 42.6 亿美元，相比上一年增长了 61%。[21]

又比如，一个用优步（Uber）或来福车（Lyft）打车的乘客也是数字时代叫车流程的技术接受者。这些交通公司已经定义了一套全球通用的私家出租车叫车流程。遵从这一流程可以让打车者使用优步或来福车的数据来提升自己的乘坐体验，并估算出打车费；而他的出行数据反过来又可以被数以百万计的其他使用者分享，用以提升他们各自的出行规划。至关重要的是技术接受者产生的数据流中蕴含的信息，而不是其产生的过程。

当组织开始使用全球性而不是地域性或内部界定流程时，技术接受进程便会推动最佳范例的实行，并改变企业工作的行为方式以提高生产力。组织应该积极应对技术接受所带来的改变。领导者发起变革管理的目标应该是通过对组织使命或效能相关信息的分析实现价值创造，主动将数据流纳入自身战略规划架构中。如无其他要旨，其应确保在策略制定指标中运用数据流。组织要在数字时代生存并发展壮大，就必须不断进行变革管理以提升工作效率，增强数据驱动效力，帮助组织达成自身目标。

## 数字时代，组织变革走好这五步

变革管理要确保某个项目产生的新流程得到那些受影响群体的实际接纳。身为领导者，需要分辨什么是不变的价值与使命，而什么是易变的过程和行为。组织需要建立的是一种可以包容创新和转型的文化。技术接受型领导者和组织通过对数字时代中价值创造效益的洞察，在一个变化莫测的环境中探索和把握机遇。正如我们在后面的战术中所揭示的，变革管理活动包含设想、治理、投身、培训和衡量等众多"分战术"，这与数字时代所带来的持续性而非一次性转型挑战是相称的。这些战术的每一个都必须能够对应技术接受者所面对的新挑战，即使这些技术接受者有时还有些不情愿，后知后觉。

如今的领导者缺乏对其组织所用技术进行个性化定制的能力，而数字时代技术却在推动管理技术、流程、工作行为和组织语言不断变化。这些变化是富于挑战的，因为组织在过去几十年中凝练出的专属范例和流程已显然不再是最佳范例。许多中层管理者的职业生涯是建立在对其所属组织企业所特有流程的了解之上的。任何改变都会危及他们的知识储备。

因此，专为数字时代准备的变革管理战术对那些想要带领自己的组织积极适应数字时代技术的领导者而言，是颇有助益的。基于云计算的现代技术变革永不休止，因此对于任何想要在数字时代制胜的组织而言，变革管理的需求也是持续不断的。基于我们对数字时代技术的研究和相关经验，我们建议如今的技术接受者们遵循以下五个战术来实施对其组织的变革。

### 战术一：设想变革管理可持续的蓝图

职能建立了，才能对其加以管理和明确辨别，并有序组织变革内容。在领导层已确立了对技术接受前景的认可后，就要求组织在战略层面构建变革管理职能以承担此类前景规划职责，确保变革实施到底并在组织更广大范围内衡量技术接受的成功与否。在数字时代，一个项目往往紧接着另一个项目。时不我待之下，变革管理不能仅靠员工自发努力，也不是"有了也不错"的锦上添花式职能。变化的持续性让变革管理变得生死攸关。通过变革管理，组织可将其使命和目标与其对技术的接纳乃至技术诱发的行为变更联系起来。

要实现对数字时代技术的有效接纳，并将领导者的关注重心从流程转移到数据分析，以帮助其为组织制定技术接受型策略，建立变革管理职能（CMF）就是必不可少的一步。组织的变革管理职能可以帮助领导者检验评估现有技术，例如对区块链和数据流分析工具的全新应用，从而作出更明智的决策。CMF 可帮助组织聚焦于流程产生的数据，而非流程本身，以针对具体业务问题进行决策和解决方案构建。

## 战术二：治理技术与变革

变革管理职能也可通过构建对技术采纳和适应进行协调和授权的治理结构，来应对持续的改变，从而实现管理效能的提升。此处的治理是指一系列得到适当整理的政策与规程组成的一致性框架，其所体现的主旨是如何引导组织，使其接纳和适应外部界定的数字时代技术的相应决策。

对整个组织治理的赋权是极为重要的，因为在组织中对管理权力和决策制定的变更常会遭遇激烈的抗拒。在组织治理结构中纳入技术治理可方便对跨职能部门的变更进行协调。感知型专业技能往往是中层管理者的擅长领域，而他们正是对技术接受最为排斥的群体。如果没有可涵盖技术使用和数据分析的全面性治理方案，那么这些管理者就依旧会试图根据自己的需求定制系统，而不是适应数字时代的流程。这种定制化系统可能会为一两个职能部门带来优化，但对于整个组织而言却并非最优解。[22]

而作为适应数字时代的组织所应具备的现代化全新治理能力的一部分，组织应该对负责实施、诠释或领导变革的人员赋予新的角色和职能。组织应着手组建跨职能的业务流程专家（BPEs）团队，由其负责探索更优解决方案，并就组织所接纳的过程如何产生业务数据并创造价值进行阐述。

### 战术三：投身于倡导并拥护变革

组织变革管理领域的经典著作会假定管理者发起的转型可以带来更有效力也更高效的组织文化。组织领导者作为变革管理的关键所在，需要为这种变革营造一种"紧迫感"。[23] 当然像行政支持之类其他成功关键因素也必不可少。[24]

因此，倡导变革对于引领数字时代的变革管理而言显得不可或缺。"倡导"意味着用开放的胸怀迎接改变，针对即将来临的改变进行率直的沟通交流，并认可持续改变的理念。有力的变革管理者会坚定不移地支持变革，从而促进行为本身的适应而不是让系统适应行为。

不过，要实现对技术的成功接纳和适应，光靠倡导者孤军奋战还不行，他需要积极的拥护者。身为拥护者，必须起到表率作用，引领身边同事一同改变。所谓"拥护"，是要将对新事物的介导作用和在其他工作场合中的主导地位结合起来，说服更多同道加入技术接受的队伍。倡导和拥护两相结合，就能吸引更多同道中人，实现富有成效的沟通并将变革付诸行动。

### 战术四：培训员工

一些数字时代技术的提供方会宣称自己的技术十分直观，在组织层面采纳其技术应用并不需要进行个人培训。[25] 比如 Google 这一全球领先的互联网搜索供应商就不负责培训使用搜索引擎。然而大多数的数字时代技术会带来工作实践的显著改变；而培训员工使用此类技术有助于向他们逐步灌输领导者想要实现的工作行为改变。许多人缺乏数字时代所需的相应技能，包括从数据中归纳结论的能力。通过培训，组织对员工投入时间和金钱，教导他们运用组织所采纳技术所需的新技能。精明的领导者还会利用培训机会和员工打成一片，坦诚自己在面对变革时也会感到恐惧无措，并激励员工打造属于自己的技术接受愿景。通过培训，还能描摹并树立组织想要达到的模范行为，以此从技术接受模式中获取收益。认为员工会自学技术因而无须培训是一种错误的假设。培训应是一种主动性的实践活动，将组织中下至员工中层上至高管领导均置于具体情境之中，允许他们互相交流沟通并自我检验，以不断提升自己在数字时代的绩效表现。培训可帮助员工熟练掌握运用不断变化的技术，并为管理者构建可用于衡量员工对变革接受度的检验指标。

**战术五：衡量管理者对技术变革的接受度**

现代领导力架构应打破各部门自行其是的做派，帮助员工接受新工作方式，并致力于实现组织对变革承诺的透明化。[26] 数字时代的领导者必须充分认识到技术接受所推动行为改变的复杂度，并在组织内营造一种乐于接受改变的文化。

如果某个组织已决心接纳技术接受模式，就必须用技术接纳和适应的相应标准衡量其领导者。所有高层管理，包括法务、财务及行政高管，均应接受针对其技术使用和认知能力的相关测试。如果未对其技术能力加以评估，部分管理者便可能会错误认为自己可在这场变革中置身事外。他们可能继续对人员、流程和技术环节不加分别。而在当今时代，不断改变的技术已将人员及其实施的流程也裹挟到自己的范畴内。这种情况下，还固守三者无差别的认知已是一种错误。

当今的组织领导力本身就要求以明确战略意图对技术和人员间的交互加以管理。数据即服务（DaaS）可被用于构建此类评估领导者效能的标准，并运用这些标准去衡量一个组织的领导者是否胜任。[27] 而要让行政高管们恪尽职守，意味着需要对那些无法在数字时代保持与时俱进的领导者加以更替。

## 技术接受——管理者们必须接受的现实

技术接受是一种新兴的趋势，也是一股会波及所有组织、管理者及员工的时代潮流。尽管接纳其他人的技术实践并改变自身工作行为以适应这些技术的过程可能并不一帆风顺，甚至会引发争议，但技术接受的大潮是不可阻挡的。数字时代就是我们如今面临的现实，而且其仍在持续重塑所有的行业甚至整个社会的过程之中。

多数组织已开始认真审视眼前这个技术时代，并给出应对之策，但成果可谓各异。许多组织中的主流意见仍倾向于定制技术解决方案，也就是针对单个组织构建整套计算系统，或者对系统进行个性化配置使其无法在其他业务实践活动中通用。这些定制化系统的故障率令人咋舌。[28] 然而，尽管专门定制系统向来以成本超支和重大故障而著称，但组织企业们还是乐此不疲，孜孜不倦地试图彻底改造某项技术以为己用。可正确的选择恰恰与此相反，组织应该接受自己身为技术接受者的事实，并基于此点判断如何运用技术来提升组织价值。

对于那些已经意识到自己已置身数字时代的领导者们，我们为您奉上技术接受策略，还附带一套可实践的变革管理战术。我们将为您带来如何通过数据分析和行为变更来创造价值的相关理念，这些理念随即便可通过我们专为数字时代变革领导者准备的战术加以实施。成为数字时代的变革领导者将使您和您的组织迈入变革的良性循环，并不断发展壮大。

## 注释

1. 我们将数字时代技术定义为不断改变的，时刻都在基于云计算进行更新，且对任何组织企业都一视同仁，绝无优待的技术。"云"指具备计算机存储、处理和执行应用程序（"APP"）的远程数据中心。数字时代技术也包括"智能技术"，即那些可识别你的身份、位置、搜索目标以及支付方式的技术。Regalado, A., "Who coined 'cloud computing'?" December 30, 2013, 见 https://www.technologyreview.com/s/425970/who-coined-cloud-computing/。 Pharoah, M., "Transforming change management with artificial intelligence (AI)" April 9, 2018, 见 https://www. andchange.com/transforming-change-management-artificial-intelligence-ai。

2. University of Minnesota, "Perfect competition: A model", 见 https ://open. lib.umn.edu/principleseconomics/chapter/9–1–perfect–competition–a–model/。

3. Avila, O., & Garces, K., "Change management support to preserve business-lnformation technology alignment", *Journal of Computer Information Sys-*

*tems,* 2016, 57(3), 218 -228 . doi: 10.1080/ 08874417.2016.1184006.

4. 对于将价格接受者概念用于政治学的例子，参见 Heng, Y., & Aljunied, S. M. A., "Can small states be more than price takers in global governance?", *Global Governance,* 2015, 21 (3), 435。

5. 我们在此采用了 Hall 和 Kahn 对技术接纳的界定："获取并使用新发明或创新的选择。" Hall, B. H., & Khan, B., "Adoption of new technology", November, 2002, 见 https://eml.berkeley.edu/-bhhall/papers/HallKhan03 % 20diffusion.pdf。

6. Nicas, J., "They tried to Boycott Facebook, Apple and Google. They failed." April 1, 2018, 见 https://www.nytimes.com/2018/04/01/business/boycott–facebook–apple–google–failed.html。

7. Desmet, D., Loffler, M., & Weinberg, A., "Modernizing IT for a digital-era", September, 2016, 见 https://www.mckinsey.com/business–functions/digital–mckinsey/our–insights/modernizing–it–for– a–digital–era?cid=eml–web（"构建和维护数字应用和操作所需的技术，过程和决策的绝对数量意味着公司无法再用以往的方式工作"）。

8. "如果公司的 IT 部门不能快速作出改变，那么其他部门也能上网找到一个软件即服务应用并以相对简单的方式自己去加以应用。然后 C 级技术主管及其下属只能被动想办法管理所有这些新需求和新设备，并对使用者提供的基础设施进行监控和维护。" Beckley, A. M., "How the cloud is changing the role of technology leaders", August 7, 2015, 见 https ://www.wired.com/insights/2013/09/how-the-cloud-is-changing-the-role-of-technology-leaders/。

9. 参见注释 2。

10. Graham-Harrison, E., & Cadwalladr, C., "Revealed: 50 million Facebook profiles harvested for Cambridge Analytica in major data breach", March 17, 2018, 见 https ://www.theguardian.com/news/20181mar/17/cambridge-analytica-facebook-influence-us-election。

11. University of Minnesota, "The nature of monopoly", 见 https ://open.lib.

umn.edu/principleseconomics/chapter/10-1 -the-nature-of- monopoly/。

12. 感谢 Sabine Bhanot 和 Daphne Moench 向我们展示这项技术。

13. Andriole, S., "Implement first, ask questions later (or not at all)", April 13, 2018, 见 https://sloanreview-mit-edu.cdn.ampproject.org/c/s/sloanreview.mit.edu/article/implement-first-ask-questions-later-or-not- at-all/amp。

14. Lessick, S., & Kraft, M., "Facing reality: The growth of virtual reality and health sciences libraries", *Journal of the Medical Library Association*, 105(4), 407-417. doi:10.5195/jmla.2017.329.

15. Comparing use of Google with 10 other search engines in the 12 months from June 2017 to June 2018: Net Market Share. (n.d.). "Search engine market share", 见 https://www.netmarketshare.com/search-engine-market-share.aspx。

16. World Food Program. (n.d.), "Building blocks", 见 http://innovation. wfp.org/project/building-blocks。

17. Gavett, G., "How self-service kiosks are changing customer behavior", August 4, 2016, 见 https://hbr.org/2015/03/how-self-service-kiosks-are-changing-customer-behavior。

18. Kroc, R., & Anderson, R., *Grinding it out: The making of McDonald's*, New York, NY: St. Martin's Press, 1987, https://www.goodreads.com/work/editions/487021-grinding-it-out-the-making-ofmcdonald-s.

19. Cosgrove, E., "Cargill invests in predictive Ag 'Data Refinery' Descartes Labs' $30m series B", August 24, 2017, 见 https://agfunder- news.com/descartes-raise.html。

20. 同上。

21. Rushe, D., "Facebook posts $4.3bn profit as Zuckerberg laments 'bard year'", January 31, 2018, 见 https://www.theguardian.com/technology/2018/jan/31/facebook-profit-mark-zuckerberg。

22. 参见 Beckley, A. M., "How the cloud is changing the role of technology leaders", August 7, 2015, 见 https://www.wired.com/insights/2013/09/how-the-

cloud-is-changing-the-role-of-technology-leaders/。

（"云时代正在让企业认识到软件即服务的重要性，该服务可根据组织自身的特定需求和流程进行配置，而不必使其流程适应某些标准化系统。"）

23. Kotter, J. P., *Leading change*, Boston, MA: Harvard Business School Press，1996.

24. Luo, J. S., Hilty, D. M., Worley, L. L., & Yager, J.，"Considerations in change management related to technology"，*Academic Psychiatry*，30(6), 465-469. doi:10.1176/appi.ap.30.6.465，2006.

25. Touting Workday's "on demand and on the go" training modules - on only social media and video. (2017). Workday for financial services. "Workday"，见 https://www.workday.com/content/dam/web/en-us/documents/datasheets/data-sheet-workday-for-financial-services- us.pdf。

26. "Digital-era change runs on people power"，August 9, 2017，见 https://www.bcg.com/en-cl/publications/2017/change-management-organization-digi-tal-era-change-runs -people-power.aspx。

27. "Press Release: Workday delivers its first data-as-a-service offering with workday benchmarking"，October 10, 2017，见 https://www.workday.com/en-us/company/newsroom/press-releases/press-release-details.html?id=2190890。

28. Fruhlinger, J., & Wailgum, T.，"15 famous ERP disasters, dustups and disappointments" July 10, 2017，见 https://www.cio.com/article/2429865/enterprise-resource-planning/enterprise-resource-planning-10-famous-erp-disas-ters-dustups-and-disappointments.html。

第 2 章

做技术接受者：数字时代的唯一选择

如果让企业领导者们为自己的智能手机编写 APP，恐怕其中同时具备相应意向、能力和资源者称得上凤毛麟角。因此，他们对手机 APP 个人应用采取的是一种"要么接受要么拉倒"策略。领导者不会下载一个 APP 然后进行一番修改，也不会从零开始自己创建一个 APP。相反，他们会选择要使用的 APP，并毫不犹豫地改变自身行为以更好利用 APP 的功能。他们探索各种功能，学以致用，还自得其乐！可就是这些领导者中的许多人却未曾认识到如今商务应用程序所要求的技术接受策略其实与这些手机 APP 如出一辙。

技术接受是随着技术时代创新的影响力逐渐遍布全球而涌现出来的新概念。正是技术发生了从单纯赋能到促进行为变更的转变，才使得新策略成为可能。我们在此提出以下新颖观点：技术接受是一种让组织在数字时代获得成功的策略。[1]技术接受型组织会致力于数字时代技术的运用，而且随着这种技术令组织与外部利益者的竞争互联不断提升，组织甚至需要将自身流程与其所运用技术的要求相匹配，并需作出行为的变更，以基于数据流所获信息来进行管理决策。而付出这些代价所换来的，是数字时代所赋予组织的创造价值的全新方式，这种价值创造可能通过提高效率获得，也可能通过对现代市场的独有贡献而实现。

只有极少数领导者洞察到了从赋能时代到数字时代的转变所蕴含的深刻内涵，因为这一转变发生得过于迅速了。我们用"赋能"一词指代电脑化技术，也就是利用互联网，并将组织信息存储在组织自己的服务器上。赋能也意味着领导者可以始终选择适合自己的技术，其本质是技术来满足组织需求，而组织则无须对市场提供的技术加以接纳和适应。

而一旦众多组织开始适应一个由计算机赋能的世界，一次飞跃由此到来。如今，数字时代的特征是行为变更、云基础计算、持续更新的系统、大数据、人工智能，还有日渐减少的专属性系统和信息。技术所带来的是一个"美丽新世界"，组织在其中无须再像以往那样浪费资源来复制那些已经过时的或基于失败的商业模式而得出的流程。

从战略视角来看，这些改变几乎可与当年工业革命"对生产工具近乎奇迹般的改进"相提并论。[2] 凭借新技术，我们可以随时随地开展工作，获取几乎任何数据来进行比较、管理，并为组织和我们自己创造价值。不过，当初工业革命也"伴随着普通人生活的灾难性错位"。[3] 这种错位感就如同现代化军队中还保留着一支古老骑兵一般。对后者而言，机械化战争时代也来得过于迅猛，让人措手不及，虽然骑兵在 20 世纪的战争中仍有过最后的登场和辉煌。[4]

## 薇娅、李佳琦成功的背后，是商业模式错位

数字时代也同样造成了短期和长期的商业模式错位。[5] 这方面的例子可谓比比皆是：柯达（Kodak）因未能推出自身的数字技术而逐渐走向内部崩溃，[6] 百事达（Blockbuster）被网飞（Netflix）取而代之，[7] 迪士尼（Disney）对网飞的重建，[8] "白鞋"律师事务所所经历的合并和重组，[9] 以及关于律师职业会被人工智能代替的预言等。[10]

近年来，"去中介化"这一概念也在更多的技术相关讨论中被广泛提及和传播，这些讨论关注的是：谁是数字时代商业模式错位的受益者？对去中介化的定义，是指交易双方之间的中介的被移除趋势。[11] 当某种互动通过行为变更型技术的介导而变得更为直接，那么就会有技术性去中介化出现。传统衣帽店、IT部门以及家庭视频供应商都已经被去中介化。因为现代世界不再需要它们的服务，我们不再戴礼帽，不再要求现场技术支持，也不再用到家用摄像机。取而代之的，是人们开始戴上谷歌眼镜，有问题了就发送在线求助帖，并且用iPhone拍视频。

随着技术取代了中间人的位置，其也逐渐改变了互动双方的行为。如今的技术去中介化已让我们不再需要实体店，当然生活用品还是要买的，只是直接上网买而已。互联网也改变了广告客户和媒体之间传统上由广告公司行使的中介角色。[12]

正如明茨伯格所指出，当组织"开始明白规划和策略性思考之间的差异时，他们就会回归到战略决策过程的初衷：获取管理

者从所有来源可学到的知识……然后对这些学识加以综合以获得企业所应追寻的大致方向"。[13] 而组织为顺应技术接受而应追寻的方向正是数字时代应许的未来。这就要求其对发生的改变未雨绸缪。

无人驾驶卡车目前尚未在北美上路，不过这一全新技术产物很快就会奔驰在加拿大和美国的高速公路上了。[14] 这种人工智能对人力的取代过程可能导致卡车司机失去工作。不过，其也可能为卡车司机们带来更有吸引力的工作，将他们从枯燥紧张的长途驾驶中解放出来。货车驾驶可以转变为远程控制中心的对应工作，或是与航空飞行员或拖船操作工类似的单纯控制职能。对此，货运公司的策略需要预见未来，促使其利益相关者设法缓解卡车司机会经历的错位，基于无人驾驶运输所产生的信息和互联性采取相应行动，并根据与数字时代相契合的目标来对自身加以衡量。

## 组织要防止被市场"去中介"

数字时代要求领导层采用全新策略方式，来接纳不断更新的技术，并改变行为以适应技术的变化。组织领导者必须始终领先于技术曲线，避免过于依赖那些已走下坡路的业务流程或规划，并防止自己被市场"去中介"甚至完全被排斥出行业。根据接纳—适应战略矩阵，数字时代的市场参与者可以在众多对技术的接纳和适应过程中从 4 种不同的策略中进行选择。其可以是制

定者、接受者、修补者或定制者。以下是策略矩阵的四象限图
（图2）。

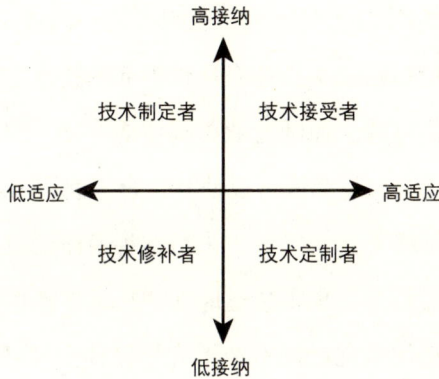

图2　接纳—适应策略矩阵：制定者、接受者、修补者和定制者

　　右下区间对应的是技术定制者。选择这一策略者会用一种陈
旧过时的思维模式进行适应，很少愿意作出行为改变。定制者
会接纳技术，但要根据一系列复杂要求对其加以定制方可。这些
具体要求仅组织自己了解，且完全用于辅助内部业务。为应对技
术时代瞬息万变的市场，调整者必须对其流程进行不断的重新定
制。这会使组织始终与最新可用技术脱节。接纳最新技术变成了
艰巨挑战，而更新现有系统则成了棘手的任务。

　　对于技术定制者而言，组织内部界定的业务流程至关重要，
必须尽量避免改变。因此其会以小幅调整为常用的低风险策略，
倾向于对现有流程抱残守缺，而不是去适应新技术的要求。选择
了技术定制者策略的组织常宣称只有对所需技术加以规定，才能

获得成功。

但是这种技术定制其实暗藏了额外成本。这类定制技术就好像一件过度裁剪反而显得不合身的西装一样，并不能很好适应如今的技术时代。因为这类技术为组织专属，所以不会自动更新。尽管花费了大量初始成本，还有代价不菲的技术定制工作，但这些技术仍会很快过时。而随着业务实体的变化，组织将不得不对这些定制技术投入大量金钱，以使其符合当前需求。

还有一种策略是技术修补。采纳这种策略的技术修补者既不想接纳数字时代技术，也不想适应这些技术。所谓修补，就是指这些人选择避免使用现代技术，不管是将其作为启蒙工具还是常规业务方式，而只是对过时陈旧技术修修补补，将就度日。几个世纪以来，阿米什人对技术适应和接纳都发自内心的抵制。至少在美国，阿米什人仍是一个成功的农耕群体，他们仍然乘坐马拉车，并对电力和其他现代文明所提供的便利敬而远之。所以云端技术什么的也肯定不是阿米什人所操心的问题。

对于其他现有商业模式，技术修补策略也可谓屡见不鲜，比如华盛顿特区的出租车行业。这些业务可能用到一些技术，但都是过去的技术。其技术和行为都不曾因为数字时代加以革新。在华盛顿特区，打车者有时还得央求出租车司机接受信用卡，而那里的司机极少允许非现金支付方式。大多数技术修补者都会被数字时代去中介化。而事实上，数字时代带来的在线拼车服务已经让华盛顿的出租车业务遭遇了灭顶之灾。[15]

组织也可以努力成为技术制定者，让其他人和组织来接纳和适应自己的技术。诸如优步、Facebook、苹果、Google 等公司所采用的技术都是自己发明的。而作为制定者，它们不需要迫于外界技术力量去改变自身行为，既然拥有这些技术，自然可以随自己心意加以配置。

一些技术定制者会有种错觉，以为自己是技术制定者。但是一个制定者是不会在过度定制和再造方面如此投入的。定制过程也绝不等同于向市场提供可配置且得到广泛接纳和适应的技术。

本书所聚焦的，是技术接受者策略。技术接受者会欣然接纳那些全球范围适用的外部界定流程，并改变自身行为来适应其所用技术。鉴于接纳和适应过程本身的困难程度，接受者会运用变革管理技术来应对数字时代的挑战，并把握相应的机遇。

美国农产品经销商嘉吉公司（Cargill）最近就被迫改变了自身的商业战略，向技术接受类型组织迈进，以免像柯达和百事达一样被扫进数字时代的尘埃之中。嘉吉公司如今不再仅仅购买和转卖玉米，而是运用云技术向农民提供"大数据"。据《玉米和大豆摘要》报道，嘉吉公司认识到"你大可不必接纳新技术，但如此一来你就不得不与那些已接纳新技术者竞争"。[16] 正是对新技术的预测、运用和应对，让成功者在这场竞争中脱颖而出。[17]

技术接受者策略是一种行动规划，承认组织已作出决定，要使用那些由他者界定并持续变更的技术。使用基于云计算的流程意味着技术接受本身将永无止境，组织也不可能彻底实施所有技术驱动的改变。要参与数字时代的竞争，组织需要在自身战略规划中融入相应理念，也就是对持续更新的外部制约技术不断加以接纳和适应的理念。技术接受者将数据作为决策的基础，并随着技术的演进不断增强自身组织的互联性。以技术接受为策略，就是要确保组织借助数字时代技术开阔视野，并有助于组织更好地贯彻自身使命。

## "三板斧"弥补组织策略的缺陷

我们可以借助一系列指导原则来帮助弥补组织数字时代策略规划的缺陷，确保策略实施与技术接受相一致。身为组织领导者，应在设想阶段，即对技术接受如何在组织中发挥效力，并帮助组织拓展自身使命而加以展望的阶段发挥领导作用。其还需对那些有助于提升组织内管理层和员工对数字时代参与意愿的战略目标加以倡导。在选择前进路线时，数字时代的选项应成为优先实施项。不管某个人员有多重要，也不管其想要掌控独有流程的意愿多强烈，技术都应凌驾于组织的人员和流程之上。应根据这些技术产生的数据来作出管理决策。基于以下指导原则的具体策略也会因组织与行业而异，但只要恪守这些原则，就能确保从中衍生的策略是技术接受型的。

### 原则 1：将技术接受视为第一选择

技术接受者应牢记的指导原则就是优先容许甚至鼓励数字时代技术去影响组织的战略规划和实施。数字时代技术应始终作为第一选项，因为其相对那些技术上已处于过去时的流程是更有力和高效的替代选项。

举例而言，任何一个千禧一代对于在 Instagram 上分享他用智能手机所拍摄照片的玩法可说是无师自通，几乎出于本能一般。但对于那些伴随柯达胶卷成长，习惯了冲洗胶卷打印照片的人来说，脑子里似乎就没有分享照片所需的行为变更回路。虽然他也会用数码相机，但这仅仅让照片拍摄过程电子化了：要把照片展示给别人看，拍摄者需要先把 SIM 卡从数码相机里取出来，放进读卡器，然后把读卡器和电视连接，这样才能让电视屏幕附近的人观看。而把照片即时分享给全世界这种想法，可能压根不在"柯达一代"的认知选项之中。然而世界终究是在不断前进的。如果身为技术接受者，必须假定签名备忘录终会被电子签名取代，行政命令则被核准虚拟过程代替，至于电子邮件，也将让位于社交媒体或 ERP 自带的即时通讯。

### 原则 2：将技术凌驾于人员和流程

技术接受者要将技术置于流程和人员之上，将其作为令组织受益的改变的主要来源。之所以要提升技术在行为改变三角中的位置，原因就在于数字时代带来的去中介化风险，在这个时代，技术不但可以替代作业流程，甚至能替代完成作业的工人。原先需要对流程赋能的组织，开始转而利用由其他制造者开发的技术。有时，组织甚至会将自己从技术制定者转变为接受者，即自发去中介化。SaaS 的接受度日益提升便是这种趋势的显现。对组织而言，SaaS 相较于传统 ERP 风险更低，因为前者实施成本更低，也更容易及时加以推行。

而如果组织自身未能完成技术接受转型，其便会被其他已完成转型的同行去中介化。方才提到的百事达和出租车司机就是明显不过的例子，他们都是被数字时代的技术排挤出自身业务领域的。拼车软件和流媒体内容公司让交通运输和家庭娱乐行业发生了颠覆性变化。这些情况中，技术才是改变的动力，而非流程或人员。

许多组织其实无法分辨技术接受和技术制定。其中大多数试图成为技术定制者或技术制定者，将他们自己的业务流程和人力需求置于优先地位，并试图让技术来满足这些要求。一个组织出于竞争原因或由于现有技术不能满足其需求而决定走技术制定者路线的情况是十分罕见的。在数字时代，技术制定更多是特例而非常态。共享过程的做法更符合成本效益，还能获得更好的数据流选项，从而带来更高的长期业务价值。

### 原则 3：基于数据的管理

技术接受型策略规划者必须引领组织去分析数据，并实现数字时代技术的最大潜能。说到数据，多数组织的目光往往局限于损益表、销售渠道、年度指标之类，这使其无法将交易数据纳入到可分析架构中。

而数字时代技术所产生的数据则可用于帮助组织决策并提升价值。不过，要让这些数据真有用武之地，组织就必须着力于数据分析，并让分析结果对其策略产生影响。而要将数据用于策略规划目的，就要通过数据分析来判断组织是否达成了目标，何时达成，又如何达成。数字时代技术提供给组织的数据来自其业务流程，具有持续和实时特性。这些信息可用于验证假设，衡量战略性目标的完成进度。

例如卡车制造商斯堪尼亚（Scania）就扩展了自身业务策略，通过对每辆售出卡车的数据进行收集和分析来提升经营效率。"运输正在成为一种数据业务"，而斯堪尼亚通过建立国际数据库改善车辆管理，来应对数字时代的现实挑战。[18] 比如它可以监控某辆卡车的满载程度，从而针对欧洲道路上卡车 60% 的满载率帮助客户进行改进。[19] 如此，斯堪尼亚的业务已经不限于卡车制造领域，而是开始对车辆速度、燃油使用情况、引擎性能以及驾驶技术信息等运输市场削减成本亟须的各项数据进行交易。[20]

对数据流创造价值方式的理解至关重要，这一点我们会在后续章节中加以诠释，但此处需要强调的是，成为技术接受者并不是要你光凭感觉来制定策略。组织必须客观获取并分析这些不间断的实时数据，并将其用于策略规划目的，就好像斯堪尼亚公司所做的那样。


## 拒绝新技术，意味着走向死亡

一份策略规划包含对组织愿景、使命、战略目标及指导原则的持续审视。技术接受为我们带来了一个选择：加入数字时代，而不是停留在赋能时代的过去。为此，技术接受者须将这种选择体现在具体战略目标和指导原则中。

赋能时代的市场参与者身处一场单纯的变革竞赛之中，对于成功，已经有了一整套完整内部界定参数。而转型则通过界限清晰、有始有终的变革转型项目来实施。赋能型策略依赖组织内部自定义的流程来辅助提升其内部及外部利益相关者的效力与效能。

与此相对，数字时代的特点是技术接受过程的不断迭代。组织必须在战略层面不断设法对外部界定的、持续更新的技术加以接纳和适应。技术接受及其相应变革管理并非单一事件。身为技术接受者，对数字时代策略加以规划就意味着踏上一次没有终点的持续之旅，而不是有始有终的单个项目。

鉴于数字时代仍在不断演变，我们注意到技术接受行为出现最多的是"技术采用生命周期"中的"早期大众"群体。[21] 这一群体对新技术的采纳时间在"创新者"（2.5%）和"早期采用者"（13.5%）之后，占潜在受众的34%。[22] 一旦主导行业和组织已经选择某个技术作为最佳范例，且已因技术所带来特定效益有所斩获，那么就轮到矢志成为技术接受者的群体登场了。风险并不源于对新技术的采纳，而是由于止步不前，以及对过时技术的固守。[23] 这个时候，多数早期大众都在凝神关注新技术是否正逐步成为市场的主导力量。如果市场向前推进并将新技术树立为最佳范例，那么对这一技术的拒不接纳就会导致效率低下甚至组织使命的失灵。

数字时代相比赋能时代是一次极大的跨越，以至于组织没法当骑墙派。我们并不建议对接纳—适应战略矩阵中的每个象限都进行规划尝试。因为一个组织不可能既维持定制又大规模接受新技术，也不可能一边宣布变革管理已告一段落，一边还继续使用云技术 ERP。更为关键的是，一个组织不可能在借助数字时代技术变得日益高效的同时，还刻意去维持一种离散而非连续的策略及策略规划方式。

就好像价格接受者必须接受其所在市场并适应现状一样，技术接受者也必须通过持续反应来维持与其利益相关者的关联性。升级并不是一种选择，而是技术制定者所制定的规范。技术接受者必须接受其已接纳的技术现实，并调整自身应对措施来增进组织使命。在基于云计算的 SaaS 解决方案中，按自己的心意来启用和升级 ERP 不再是可选项。苹果降低了自己手机电池的使用寿命，[24] 特斯拉会对 Model3 车型的刹车距离进行远程更新，[25] 它们这样做时都没有问消费者的意愿如何，会采取什么行为。

我们还可以考察一下汇丰银行（HSBC）首次将区块链用于阿根廷和马来西亚公司实体间大豆交易融资的案例。[26] 本次交易是首次通过单一共享式数字时代信用证和计算机网络来核对的贸易交易。[27] 区块链并不仅是通过使用计算机来为某过程赋能，相反，作为一种典型的数字时代技术，区块链通过使用分布式账本验证过程，使其无法被任何一方篡改。使用者必须对自身行为和商业惯例加以调整，方能使用该技术。

尽管对货运单据的数字化可大大提高运货商的效率，但在区块链问世以前，普通基础设施并不能支持电子单据的使用并协调多方利益。[28] 正是区块链技术在贸易交易中降低了欺诈风险，并缩短了交换贸易信息所需时间。[29] 将区块链用于农产品贸易融资的做法可能带来颠覆性的战略变革，其革命性甚至可与当年船舶、港口、铁路和贸易公司统一使用标准化集装箱的举措相提并论。[30]

如果将组织发展限制在赋能时代而不投入数字时代怀抱，则组织对自身策略规划进行必需改变的能力就会受限。无论是汇丰银行还是嘉吉公司，所实施的策略都在于通过跨越赋能型技术和行为变更型技术之间的鸿沟，来发现新的市场优势。每个组织都可以通过规划帮助自己将技术接受作为策略加以实施，来跨入全新的数字未来。正是因为认识到适应数字时代并明确自身业务方向的必要性，才让汇丰和嘉吉决心接纳区块链和大数据。

### 不断增长的互联性

行为改变和分析数据的能力是数字时代策略制定的先决条件，因为基于云计算的技术已经将竞争和非竞争组织全都联系了起来。技术接受者应该认识到，现代策略规划的关键是"一家企业相对其他企业的定位"。[31] 数字时代，从事同类业务的两家企业可能成为同一种技术的技术接受者。它们将使用同一技术所赋能的流程进行正面对抗。

亚马逊在 2018 年盈利能力增长最快的部分来自第三方卖家所支付的费用。[32] 这些卖家在 Amazon.com 网站上销售产品，和亚马逊直接竞争。作为交换，它们向亚马逊支付费用，以使用其全球通用平台。这些卖家还会和亚马逊分享数据，从而在两者之间营造一种共生关系。

亚马逊之所以采用这种收入增长策略，是基于第三方销售可提升其自身盈利能力的数据流分析。[33] 同时，2017 年有超过 10 万家企业利用亚马逊的平台获得盈利，每家的销售量都超过 10 万美元。[34]

数字时代策略所基于的前提概念是，组织只是其所在系统的一部分，整个系统由该组织与其利益相关者，如客户、雇员、供应商及股东之间的交易构成。[35] 之所以如此，是因为交易系统内的组织互联性凭借技术接受而大幅提升了。诸如汇丰银行区块链或亚马逊平台这样的全球可得性过程的运用，让多个组织间的数据实现互联。这些数字时代的流程将不同组织及其所属单位之间的交易数据流相匹配。

借助数字时代技术，如今流程级别的互联程度甚至已大大超出了几年前的预测。ERP 定制的初衷本是让组织能够内部界定最佳范例，但随着整个世界都开始使用基于云端 SaaS 的通用过程，这种定制化反而让组织落于人后。由于如今数字时代技术已成为推动市场的主导力量，原先对此有所抗拒的组织也被迫从过程定制者转变为技术接受者。诸如 SaaS 这样大规模的、基于云端的技术如今已使得互联组织之间所有层级的业务过程均可进行直接标杆管理。或者，从企业到其营业单位及职能部门的战略层级落实方面来看，对于技术接受者而言，这种互联水平甚至可以渗透到组织的营业单位及职能层面。[36] 这将对组织如何建立对其竞争对手企业的竞争优势产生影响。[37] 如果不能充分意识到数字时代的这种互联性，那么策略规划也就成了有勇无谋，这势必将组织的利润和价值置于风险之中，甚至危及组织肩负的使命。

### 数字时代领导层面对的挑战（你无法主导那些你不了解的东西）

只有当负责实施的领导者本身具备相应意愿和能力来制定并规划适应于当代状况的策略，以技术接受为策略才能在组织层面落到实处。多数公司高管在面对选择数字时代、基于数据制定策略以及将互联性纳入考量范围等概念时，常常会不明所以。不少领导者最多也就是对赋能型技术如今已摇身一变，成为推动行为改变和价值创造的关键之类的情况有一个粗浅的了解。而且，组织领导者和管理者往往只是将技术变革视为用电子方式代替传统纸基的过程而已，缺乏更深入的领悟。

美国国会就 Facebook 数据泄露问题质询其 CEO 马克·扎克伯格（Mark Zuckerberg）一事，就凸显出领导层面临的挑战。美国参众两院的代表在质询过程中反而暴露出自身互联网常识的匮乏，以及对 Facebook 所应用的数字时代技术的无知。[38] 这些想要对全球最成功的技术驱动型企业加以监管的国会领导者，居然连恰当的问题都问不出来。

这并非个例。那些并非技术行业的组织领导层也一样对数字时代会如何影响其业务缺乏基本认识。而在领导层之下，多数经济学者、医生、律师、政客和制造业员工对如今的技术也仅知道一些皮毛。技术在传统观念里，只是位于行为改变三角底端的，无足轻重的因素而已。

然而，无论是经济、医疗、法律、政治还是制造业，几乎都在经历一场颠覆，一场数字时代技术带来的去中介化和互联性水平提升所引发的剧变。如果组织的领导者和管理者缺乏技术悟性，那么势必导致策略性分歧的产生。不能理解数字时代，就不能针对其产生的影响而进行规划，更遑论从中创造价值了。如果不能通过策略规划来化解技术接受趋势带来的领导层挑战，很难想见组织可以在数字时代获得成功，那么整个社会又会如何呢？

## "一加一大于二"将无处不在

数字时代技术是否也造成你所在行业的错位？对于这些技术你是否有足够认知，以实施技术接受者策略？或者，你是否还在制定者、修补者或定制者的道路上越走越远？你是否可获得足够数据来制定基于事实的风险管理策略？你是否打算将变革管理进行到底，并引导组织接纳和适应相应技术，以在数字时代发展壮大？

这种策略需要涵盖组织策略的所有3个层级：公司级别、营业单位级别和职能级别。在如何在数字时代实现运营方面，每个层级都各有作用。互联性的增加和去中介化带来的风险，会对战略制定的每个层面都产生影响。你的策略也需要切合组织的目标，还要考虑其价值主张、增长抱负、资源配置模式，以及策略执行过程中高管的角色。

对于技术，公司策略的基本假定通常是一种"自制或购买"决策。然而技术接受策略的前提却并非传统意义上的自制或购买决策。其焦点在于平衡对技术适应和接纳的水平，以便为组织战略意图提供最佳支撑，也可被视为是在组织现有愿景和当前市场状况之间建立连接。而要获得对你所在市场的前瞻视野，就需要制定一种囊括总体的、可衡量且有时限的目标。对于技术接受者而言，这些目标还必须与组织致力于达到的、对数字时代技术的适应和接纳水平相关联。

组织目前位于接纳—适应战略矩阵的哪个象限是很重要的，但更重要的是组织的前进方向。在组织策略中，最需把握的就是组织的前进方向究竟是朝向定制者、修补者、制定者还是接受者。这种策略随即可用于在营业单位和职能部门级别指导战术步骤的制定和执行。

对每个营业单位，技术都会驱动其行为改变，而无须危及组织所在市场的现有流程和人员。技术、流程和人员作为策略规划的 3 个方面，需要彼此共存，而行业动向也同样重要。波特（Porter）提出的，用于分析行业竞争力性质的五力分析模型对当前企业及其营业单位进行自身战略定位的把握和诠释仍然有效。[39]

对数字时代技术的接纳能力可能成为技术接受者自身要面对的力量。如果对某个组织而言，并没有找到可接纳的技术，那么其他组织也无法进行接纳。在这种情况下，去中介化带来的策略风险降低，对策略制定也会产生影响。此时，组织就可能通过创新来成为技术制定者。不过多数情况下，在接纳—适应战略矩阵中向技术接受象限移动是更可行的策略。

最后，位于组织策略规划最低层级的职能部门也可能需要作出调整以与组织及单位层级的技术接受型战略相适应。传统而言，职能性的策略工作主要聚焦于对各个营业单位任务及相关战术的具体描述。如果具有可辨识与衡量的目标，则职能性描述可聚焦于如何让各个单位彼此配合、实现"一加一大于二"的效能提升方面。

## 领导者的必备素质——接受新技术

要在数字时代的竞赛中占得鳌头，作为指导原则，参赛者的目光必须放得足够远，且认识到终点会不断前移，如此才算是真正准备就绪。古典式的策略规划多为 3 年或 5 年期策略，再加上贯彻策略目标所需的行动计划。但对于以技术接受为策略的组织而言，其变革领导者倡导的策略规划和目标必须要让组织准备好应对数字时代的挑战。规划者需要针对战略目标设立带时限的子目标，并根据其达成与否或技术变更情况时刻加以调整修改。其还应运用技术接受的变革管理战术，让组织准备就绪，努力达成所设定的目标。

本书给出的变革管理战术对于如何让策略规划迎合现代形势的问题给出了明确建议。技术接受策略要求对组织的职能能力进行细致观察，从而不断创造出价值，不管身处当下还是变化莫测的未来。一种全新的、高水平且永久性的变革管理职能可支持变革的领导者欣然接纳数字时代技术，并对自己的工作行为加以调整以适应这些技术。通过涉及变革设想、治理、投身、培训和衡量的相应战术演绎，可确保组织在接纳—适应战略矩阵中正向移动，从而占据技术层面的更有利位置。

## 注释

1. Westerman, G., Bonnet, D., & McAfee, A., *Leading digital: Turning technology into business transformation*, Massachusetts, Harvard Business Review Press, 2014（概括了一些大公司，如金融、制造和制药领域巨头如何运用数字技术获取战略优势，也归纳了一系列成功进行数字转型所需的实践和原则）。

2. Cotula, L., "The new enclosures? Polanyi, international investment law and the global land rush", *Third World Quarterly*, 2013, 34(9), 1605-1629. doi:10. 1080/01436597.2013.843847.

3. Polanyi, K., *Origins of our time: The great transformation*, London: V. Gollancz 1945.

4. Zabecki, D., "Military developments of world war I", May, 2015, 见 https://encyclopedia.1914-1918 -online.net/article/military_ developments_of_ world_war_i。

5. Meffert, J., & Swaminathan, A., "Management's next frontier: Making the most of the ecosystem economy", October, 2017, 见 https://www.mckinsey.com/business-functions/digital-mckinsey/ourinsights/managements-next-frontier。

6. "The last Kodak moment?" January 14, 2012，见 https://www.economist.

com/node/21542796。

7. Satell, G., "A look back at why blockbuster really failed and why it didn't have to", September 21, 2014, 见 https://www.forbes.com/sites/greg-satell/2014/09/05/a-look-back-at-why-blockbuster-really-failedand-why-it-didnt-have-to/#50ceb9431d64。

8. Thompson, D., "Disneyflix is coming. And Netflix should be scared", May 17, 2018, 见 https://www.theatlantic.com/magazine/archive/2018/05/disne-yflix-netflix/5568951。

9. "Managing change: How law firms are answering the wake-up call", *Law Practice,* 35(5), 32 (July/Aug, 2009).

10. Leary, K., "The verdict is in: AI outperforms human lawyers in reviewing legal documents", February 27, 2018, 见 https://futurism.com/ai-contracts-lawyers-lawgeex/。

11. Jarild, A. (n.d.), "How digital disintermediation is disrupting food and financial advice", 见 https://blog.thinque.com.au/how-digitaldisintermedia-tion-is-disrupting-food-and-financial-advice。

12. Sinclair, J., & Wilken, R., "Sleeping with the enemy: Disintermediation in internet advertising", *Media International Australia*, 2009, 132(1), 93-104. doi:10.1177/1329878x0913200110.

13. Mintzberg, H., "The fall and rise of strategic planning", February, 1994, 见 https ://hbr.org/1994/0 1/the-fall-and-rise-of-strategicplanning。

14. Marshall, A., "Will Tesla's automated truck kill trucking jobs?", November 17, 2017, 见 https://www.wired.com/story/what-doesteslas-truck-mean-for-truckers/。

15. Siddiqui, F., "Why D.C. is targeting the ride-bail industry", March 31, 2018, 见 https://www.washingtonpost.com/local/trafficandcommuting/why-dc-is-targeting-the-ride-hail-industry/201 8/03/311ef01fca 8-3473-11e8 -94fa-32d48460b955_story.html?noredirect=on。

16. Winsor, S., "Adopt big data, or else", April 16, 2015, 见 http ://www. cornandsoybeandigest.com/precision-ag/a dopt-big-data-or-else。

17. 同上。

18. Beattie, A., "Data protectionism: The growing menace to global business", May 13, 2018, 见 https://www.ft.com/content/6fOf41e447de-11e8-8ee8-cae73aab7ccb。

19. "Scania One-the digital platform for connected services", September 29, 2017, 见 https://www.scania.com/group/en/scania-onethe-digital-platform-for-connected-services/。

20. Beattie, A., "Data protectionism: The growing menace to global business", May 13, 2018, 见 https://www.ft.com/content/6fOf41e447de-11e8-8ee8-cae73aab7ccb。

21. Bohlen, J. M., & Beal, G. M., "The diffusion process", Special Report No. 18. Agriculture Extension Service, Iowa State College, May, 1957.

22. Rogers, E. M. *Diffusion of innovations* (5th ed.), New York, NY: Free Press, 2003.

23. Anthony, S., "First mover or fast follower?", July 23, 2014, 见 https :// hbr.org/2012/06/first-mover-or-fast-follower。

24. "A message to our customers", December 28, 2017, 见 https://www. apple.com/iphone-battery-and-performance/。

25. Lambert, F., "Tesla Model 3 stopping distance improvements confirmed in new test. Musk says UI/ride corrifort improvements coming", May 31, 2018, 见 https ://electrek.co/2018/05/30/tesla-model3-stopping-distance-improvements-new-test-ui-ride-comfort-road-noise/。

26. Chatterjee, S., "HSBC says performs first trade finance deal using single blockchain system", May 14, 2018, 见 https://uk.reuters.com/article/uk-hsbc-blockchain/hsbc-says-performs-first-trade-finance-transaction-using-blockchain-idUKKCN11F03H。

27. 同上。

28. 同上。

29. 南非储备银行测试使用区块链技术在两小时之内处理 7 万笔银行间交易。 "SARB's blockchain test: Typical daily SA interbank settlements done in under 2 hrs", June 06, 2018, 见 https://www.biznews.com/global-investing/ 2018/06/06/sarb-blockchain-pilotdaily-interbank-settlements/。另见 Chatterjee, S., "HSBC says performs first trade finance deal using single blockcbain system", May 14, 2018, 见 https://uk.reuters.com/article/uk-hsbc-blockchain/ hsbc-says-performs-first-trade-finance-transaction-using-blockchainidUK-KCN1IF03H。

30. "Agriculture Blockcbain Tecbnology" (n.d.)., 见 https://ccgrouppr.com/ practical-applications-of-blockchain-technology/sectors/ agriculture/。

31. Kenny, G., "Your strategic plans probabty aren't strategic, or even plans", April 30, 2018, 见 https://hbr.org/201 8/04/your-strategicplans-proba-bly-arent-strategic-or-even-plans。

32. Levy, A., "Amazon's sellers are going global, helping the company generate big profits", April 27, 2018, 见 https://www.cnbc.com/2018/04/26/amazon-25-percent-of-third-party-sales-came-from-global-sellers.html。

33. Bezos, J. (n.d.), "Letter to sharebolders", 1997, 见 https://www.sec. gov/Archives/edgar/data/1018 72 4/000119312518121161/ d456916dex991.htm。

34. 同上。

35. 策略规划中的组织与其他组织间的关联也可从波特五力模型或古尔德对级联公司、单位或职能层级的区分来考虑。 Kenny, G., "Your strategic plans probably aren't strategic, or even plans", 2018, April 30, 见 https://hbr. org/2018/04/y our-strategic-plans-probablyarent-strategic-or-even-plans。亦可参见 Mind Content Tools Team. (n.d.), "Porter's five forces: Understanding Competitive forces to maximize profitability", 见 https ://www.mindtools.com/pages/ article/ newTMC_08.htm。

36. Campbell, A., Goold, M., & Alexander, M.，"Corporate strategy: The quest for parenting advantage"，March/April, 1995，见 https ://hbr.org/1995/03/corporate-strategy-the-quest-for-parentingadvantage。

37. 同上。

38. "Confusing questions Congress asked Zuckerberg-CNN video"，April 11, 2018，见 https://www.cnn.com/videos/cnnmoney/2018/04/11/facebook-zuckerberg-confusing-questions-congress-cnnmoneyorig.cnnmoney。

39. Mind Content Tools Team. (n.d.)，"Porter's five forces: Understanding competitive forces to maximize profitability"，见 https://www. mindtools.com/pages/article/newTMC_08.htm。

第 3 章

数据分析＋行为改变＝创造价值

当塔玛拉·梅隆（Tamara Mellon）在 2011 年离开她一手创办的著名鞋类品牌"周仰杰（Jimmy Choo）"后，她旋即将这段经历所得的经验教训，用到了创办另一个全新奢侈品鞋类品牌的事业中。周仰杰一直采取向全球高端零售商批量供货的商业模式。但是，如今梅隆发现，网络购物已是大势所趋。因此，她以自己名字命名的新品牌，即 Tamara Mellon，如今做的正是"直接面对消费者"的营销模式。[1] Tamara Mellon 女鞋完全通过公司网站进行销售，每个客户的相关数据都会被进行实时精确追踪，使公司得以针对具体情况迅速作出应对和改变。[2] 比如公司可以针对每个客户特点投放特定广告，也可根据每个售点的即刻需求量来调整库存。梅隆曾坦言，围绕这种"技术推动的工作方式"所需的全新运营方式和商业语言令她备受挑战。[3] 不过电子商务正是数字时代所带来的真实情境，像 Tamara Mellen 这样的公司必须认识到数据能告诉它们什么，并通过改变自己来应对这些数据。

投资界就相信，Tamara Mellon 的定位可以持续创造价值。公司原打算在 B 轮融资中筹集 1500 亿美元，而最后所得达到了 2400 亿美元。[4] 通过采取一套在线赋能的消费者直销模式，并充分利用客户数据进行快速响应，Tamara Mellon 为自己的品牌创造出了显著价值。

## 50 亿用户与 4100 亿美元

对不同行业和组织,"价值创造"一词都有其独特含义。组织在贯彻自身使命的过程中,便为其利益相关者创造价值。例如,一项对服务业运用数据分析的大规模研究表明,价值增长在不同行业有不同描述:对汽车资讯服务业而言是更安全的驾驶,对健康预诊供应商而言是更稳定的设备操作,对运动监控设备而言是更好的健身状态追踪,对心血管疾病患者术后医疗设备供应商而言是更优化的心脏状态监控,而对建筑经理而言,则是更高效的能源管理。[5]

在这方面,非营利机构和政府机构的诉求和以盈利为目的的公司又有不同。这些组织通过贯彻自身使命,为其利益相关者创造价值,后者可包括捐赠者、纳税人和选民等。20 多年前,夏洛特市(City of Charlotte)开始用一套综合评价卡来追踪价值创造情况。比如,针对 2017—2018 财年,政府的一个目标就是"促进每个社区成员的经济成功"。该市会以多种方式衡量这个目标所取得的进展,包括每年新建人行道和自行车道里数。2017—2018 财年,夏洛特市的目标是建立 10 英里的新人行道和自行车道,以提高出行安全,提供更多交通选项,并让居民获得更好就业机会和服务。[6]尽管夏洛特市不会直接衡量"每个成员的经济成功",但其底线可确保该市持续吸引新的居民前来定居。如今,夏洛特市的增长速度在美国位列第三，这个成绩相当不俗。[7]

非营利机构通常将价值视为投资的回报，[8] 如同夏洛特市对人行道和自行车道的投资。而私营公司则将价值视为收益和公司总体盈利的增长。比如 Facebook 预计其 50 亿用户中的每一位用户每年可带来 82 美元的广告收入。[9]

一些组织仍试图从削减成本方面来证明新技术实施的合理性。比如通过建立流水线和减少劳动力等方式，可降低人力成本。尽管这种方式在特定场合下亦属必要，但也可能为变革领导层带来本可避免的挑战。更好的做法是尽可能以渐进方式与时俱进，而不是采取可能导致裁员的大幅突变。

不过，对于技术接受者而言，所谓价值创造，意味着组织要通过数字时代的技术来创造价值，并提升其潜在效率和效益，当然这种价值需由组织自身界定。技术接受者不通过技术的定制化来获得价值。相反，技术接受型组织之所以更有效力，是通过对所收集数据进行分析来获得对客户和市场的洞察，并基于这些洞察来采取行动，改变自身行为，最终实现商业成果的改善。[10] 对数字时代系统所产生数据的分析可以为组织带来有意义的信息，向其揭示哪些行为必须加以改变，以此更好地贯彻组织使命。

尽管数据分析可以说做就做，[11] 但持之以恒的行为改变却要花费数月乃至数年。[12] 成功的技术接受者（通过使用本书给出的数字时代变革领导力战术）会大力构建组织应变度和变革能力，使行为改变得以更为迅捷，也更为深入地进行。[13]

## 猫咪视频的大商机

技术接受者不会耗费大量时间、精力和金钱去开发为自己量身定制的技术解决方案，而是专注于促进商业价值的实现。其可通过多种方式来创造附加价值，包括削减或规避成本、改进运营、增加收益或现金，或者通过满足客户的需求和预期。

首先，可通过成本规避或削减来发现价值。既然无须进行软件定制，那技术接受者自然避免了漫长的无底洞式投入。由于现代世界变化莫测，专属系统必须不断进行重新设计来加以应对。而技术接受就是接受那些由技术制定者开发的标准过程，相比不断投入于重新定制，前者自然成本更低。技术接受者也可以在无须雇用额外员工的情况下扩大组织运营，拓展新市场，以此来规避成本浪费。在这一过程中，一些具体任务就无须执行，或可以自动化解决，也就达到了削减成本的目的。

其次，随着数据的优化和即时化，加之管理者具备相应技能和意愿，他们就能够更高效地进行决策，带来业务运营状况的改善。通过用全球主导性技术界定的更高效流程来替代原有的低效流程，也可创造出价值。此种情况下，技术接受者通过工作实践效率的提升来实现价值增长。沃尔玛（Walmart）和其他零售商正从实体店纷纷转向无须房租且 24 小时营业的在线零售模式。[14]它们的所作所为表面上看不过是接受了亚马逊曾经开拓的业务实践，并且收回了部分先前被亚马逊抢走的市场份额，但更深层来看，其实也是对数字时代购物者行为革命的承认。如今许多购物行为已通过互联网展开，零售商只要嗅觉足够敏锐，自然会想方设法在这些领域吸引消费者。

不过，从长期来看，让流程更为高效或是规避定制成本并非实现价值创造的唯二手段。正是对庞大数据集进行访问和分析的平台，给了组织近乎无限的信息商品化途径。作为创造价值的第三种方式，组织可以通过创建销售或掌控此类信息的新产品和新服务，以此来提升效率效能，实现收益增长。比如具有可对比和销售数据的电子健康档案，[15] 以及那些连发布者也说不出为何火爆的网络猫咪视频，[16] 向我们示范了全新的数字时代产品和服务是如何被创造出来的。

最后，自动化的重要性甚至超过对行政管理和交易任务的简化，因为其可带来更快捷优质的服务交付，并以此提升客户体验。[17] 根据埃森哲（Accenture）报告，80% 的品牌认为自己交付的是出色的客户体验，然而仅 8% 的消费者予以认同。[18] 因此组织在数字时代面对的挑战是如何针对客户体验创造价值，并让员工在价值产出更高的工作任务上投入更多时间。

**通过成本规避和削减获得的价值：中东大学的例子**

对数字时代技术的接纳可带来价值创造。对于执行大规模复杂运算这一任务而言，云计算是一种强有力的技术，且其让使用者不必花费高昂代价来维持运算硬件、专属空间和相关软件。[19] 通过使用云服务，组织只需具备可连接网络的最低限度硬件即可。如此一来，组织便可实现对设备成本的削减，并摆脱不必要的服务器、网络和安全硬件的维护成本。[20] 随之一并得到削减的是软件维护成本、系统故障恢复成本及人员系统管理成本。[21] 而由于系统升级是定期进行且成本可预计，组织便可对其进行更合理规划。由于不再需要相应资本支出，这部分费用也就减少甚至消除了。如果组织的需求有变动，则可停止使用那些不再需要的云应用，并终止支付。[22]

对中东各大学云计算采用情况的核查发现，通过使用这些数字时代系统，可将 IT 相关雇员从原先的 10—15 个减少到 3 个。由于基于云计算的系统自动持续更新，就不再需要手动修改系统了。而且，由于修正在云端进行，也不再需要人工监控软件许可和更新情况。[23] 最后，整个数据中心每 3 到 5 年更新一次即可。云技术让所有这些数据中心相关成本直接清零。

不过，组织并不能指望仅靠采用数字时代技术就实现价值创造。虽然削减硬件、软件、维护和人员可以节省大量成本，但招募具备相应技能和资质的新员工也会带来新的附加成本。数字时代的系统对现有工作和行事方式都是颠覆性的，但是终止现有项目并转投新项目也依然会包含人力时间和培训成本。[24]

当今时代，唯有不断适应和积极参与才能创造价值。组织必须在人力资源与运算力资源上持续投入，从而有能力对新技术所产生数据代表的实质进行分析。此外，组织也需要适当的管理系统，以根据数据分析所揭示的结果来改变自身行为。

### 通过数据分析获取价值：Workday 和乐购

数字时代技术会将从众多用户处获取的数据聚集起来。对于具备相应技能和资源的组织而言，这一数据汇集为它们提供了值得深入发掘的丰富信息流。相比单个组织闭门造车，从这种汇集信息流中可获取的信息量是前者无法企及的。[25] 某个组织通过使用"数据即服务"，便可以业内其他同行为标杆衡量自身，看看相比平均基准，自己的业务时间和员工表现如何，哪些地方还可以提高效率，以此来创造出价值。还有一种价值来源是通过与其他组织的协作，运用相同技术实现该技术效能的最大化。以往组织对此的做法是构建防范体制限制竞争对手了解自己，此举并不能带来价值，反而会造成价值流失。如今协作则可取而代之，实现共赢。[26]

例如，Workday SaaS ERP 系统就鼓励其用户彼此合作，系统会收集这些用户数据，加以匿名化和汇集。Workday 随即从超过 2600 万用户的系统人力资源管理平台中凝练出关于员工流动、人力构成和管理效能等指标的具体评定基准。[27] 每个 Workday 客户都能借此判断自己的组织相比类似规模和行业的同类组织表现如何。Workday 用户还能在系统提供的 P2P 互动空间 Workday 社区里互相联络，彼此分享关于使用这一技术的经验知识。而 Workday 也会对社区群体加以关注，并根据社区内的用户呼声来决定是否提升产品功能。[28]

而作为食品百货行业巨头的乐购（Tesco）也通过运用实时数据分析、大数据以及新兴物联网技术的结合来提升自身效率，实现全英国店面乃至全球分销商的网络连接。[29] 正是因为使用了低成本开源"大数据"仓储技术，[30] 如天睿（Teradata）和 Hadoop 所提供的服务，才使得乐购获得了英国市场的主导权。乐购运用这些架构来分析客户购买模式、产品仓储及公司绩效等各种数据集。通过深入发掘这些数据，乐购不但在与诸如阿尔迪（Aldi）和利德（Lidl）等折扣连锁店的竞争中游刃有余，还成功击退了来自亚马逊的日用品送货上门服务这一咄咄逼人的挑战。[31]

乐购通过对其会员卡的革新而获得数据流，这一制度是乐购在 1995 年引入的，远早于其竞争对手。[32] 通过给予购物者一些小折扣，乐购成功诱导他们在购物时使用会员卡。而通过对每笔购买进行追踪，乐购就能了解购物者购买了什么，又是在何时何地购买的。会员卡作为全面的"变革管理手段"，对日用食品零售业务带来了颠覆性变化。[33]

很快，其他日用食品零售商也有样学样。而对于那些依旧故步自封，拘泥于自身已有的、不生产数据的销售程序的日用食品连锁店，则只能沦为被颠覆的对象。作为全英国首家将购物者数据进行组合分析，并将自身绩效与竞争对手相对比的日用食品零售商，乐购凭借技术接受获得了战略优势。乐购自己并没有创造出相应技术，但通过变革管理，通过对技术接受模式的娴熟掌握，乐购达成了自己提出的"为英国顾客带来每天都有小小改进的服务"这一组织使命。[34]

### 新价值流的创造：电子健康档案和猫咪视频

数字时代的大规模数据汇集已经产生出了全新的、前所未见的价值创造机会。这些回报颇丰的价值流可以涉足前沿领域，比如针对患者即时护理需求的健康档案，也可以无比平凡接地气，比如从一个猫咪视频所获得的点击数来赚取广告收入。

借助大型政府数据库，可对那些通过电子健康档案（EHR）获取的健康数据进行存储和访问，从而针对特定疾病，如癌症或阿尔茨海默病，比较某种疗法相比其他疗法的有效性。将 EHR 派生数据与患者水平的信息相结合，可帮助医生假设护理方式，进行对比评估，并为患者提供个性化护理。随着 EHR 的启用，在云端数据库中所包含的，通过 EHR 收集的信息便可实现持续更新；对汇集数据的实时分析能够为医生提供即时诊断依据，并根据患者个体水平特征定制个性化治疗方案。[35]

这些医疗数据对于那些具备相应发掘能力的公司而言就是潜在的金矿。2018 年年初，Facebook 发起了一个项目，欲让医院与其共享匿名患者数据。Facebook 的计划是将这些数据流与其自身拥有的、医院对患者的诊断与处方信息相结合。如此，Facebook 甚至可在未经患者同意的情况下构建患者的数字档案。Facebook 可将这些信息出售给制药公司或管理式医疗公司，使得这些公司有能力针对那些对特定药物或治疗有潜在需求的 Facebook 用户推送广告。[36] 这种消费者导向的互联网药物广告，其背后的技术与 Tamara Mellon 销售女鞋的技术并无二致。2008 年该行业规模已达 40 亿美元。而自那以后，其在费用和涵盖范围方面都经历了爆发式的增长。[37]

不过，尽管可能有人已预见到基于医疗数据或鞋类销售数据的分析可以创造新的价值流，但要说到互联网上的猫咪视频和技术接受之间的关系，估计大多数人会觉得莫名其妙。在 YouTube 上有超过 200 万个猫咪视频，总浏览量约为 260 亿次。也就是说，每个猫咪视频的平均浏览量达到了 12000 次，这个数字高于其他类目 Youtube 内容的单视频浏览量。[38] 而对于那些浏览量最高的猫咪视频的创建者，这可是个大商机。

YouTube 成立于 2005 年，其允许用户将视频内容上传到互联网，供任何人观看。YouTube 如今已由 Google 所拥有。视频创建者可以同意让 Google 在其 YouTube 个人网页上发布广告，而创建者可以借此获得一部分广告收入分成。某个特定视频的浏览量便代表了其广告受众规模。2014 年，网站浏览者在观看 YouTube 视频前必须观看长度 30 秒的商业广告，其平均广告费率为每 1000 次广告观看 7.60 美元。[39]（由于自那以后 YouTube 上视频数量日益增长，该费率可能已有所降低。随后 YouTube 拿走总额的 45%。）比如"彩虹猫"（Nyan Cat）视频，就是播放一只在天空飞行并在身后划出彩虹轨迹的小猫，还配有合成铃声，这段视频在 2011 年获得了 5400 万次浏览。[40]

比这还成功的是"我要吃芝士汉堡猫"（I Can Haz Cheezburger cat），这其实就是一张看上去好像在问人要芝士汉堡的肥馋猫的照片。最初贴出这张猫咪照片的博客吸引了大量观摩者，其数量之多以至于照片发布者，一位计算机程序员，后来专门建了一个芝士汉堡猫的网站供人浏览。在这个网站上，观看者还可以发送自己的猫咪照片，其他人则可以对此进行表决，奖赏照片发布者1到5个芝士汉堡不等。为增加网站浏览量，其创建者还分析了浏览数据以及最多观摩的时间段。[41] 到2007年5月，也就是网站上线5个月后，其浏览量达到了150万次，每天绝对造访人次高达20万。凭借这一巨大的受众规模，芝士汉堡猫网站每周可卖出的广告费用在500到4000美元之间。2007年9月，网站的两位创建者以200万美元的价格将整个业务卖给了投资人。[42]

### 成本节省：联合国和美国政府组织

尽管确实存在任何人都能用诸如一张搞笑猫咪照片之类玩意儿掘出一桶金的诱人可能，但大多数组织其实并不能从数字时代技术所衍生出的数据收集和分析过程中获得全新价值流。接纳数字时代技术的组织通常必须通过用现代技术削减成本的方式来探寻价值。

成本节省，也就是用较低成本项目替代较高成本者的过程，是许多组织决定是否最终接受数字时代解决方案的关键价值度量。一些非营利的政府及国际组织并没有设立将目标成就与使命产出相联系的绩效指标。理想情况下，这些组织如果纳入数字时代的怀抱，可以令其更有效地达成自身使命。由于倡导健康、争取人权或服务公民之类使命的成功与否很难去加以精确衡量，或者将成功仅归因于某种新技术的采用，因此这些组织的利益相关者可能要求其证明对某个新技术的投资将直接带来成本的降低。

联合国组织之所以花费巨大代价和精力采用一套基于云技术的 ERP 系统，其明确的要求就是该系统能节省成本。[43] 由于新系统采用数字时代标准，所有员工都需要为此作出大幅行为改变。旧的流程被废止，基于新 ERP 的流程则建立起来。这会导致一种"焦虑"，因为员工要知道，花费了这么多金钱和精力，到底达成了什么。[44] 组织的行政层也清楚，因为对 ERP 系统升级的资金调配带来的持续预算请求将经历细致核查。因此，ERP 系统亟须尽快证明自身价值。[45]

幸运的是，通过对 ERP 数据流的发掘可以对成本节省问题给出答案。通过审阅 ERP 报告，联合国组织就能了解哪些工人花了多数时间在哪些过程上。在某些部门，会对那些原先将所有工作时间花在处理财务和人力资源交接方面的员工进行裁撤，因为新的 ERP 业务流程可以替代这些人的工作。[46] IT 部门也会被缩编，因为不再需要员工去开发、测试和配置那些组织专属的系统。[47] 对于灾害应对机构和组织业务持续性计划，预计采用云端服务可带来显著成本削减，因为其设计初衷是保证高度冗余性和可用性，使得此类服务极为安全可靠。[48]（实际上，一项对灾难复原的研究表明，采用云计算可削减 85% 的成本。[49]）

不过，技术接受和成本节省相关的数据绝不是单向的，这一点英国政府深有体会。英国政府数据服务（GDS）是一个负责引领该国对革新性数字服务接纳的内阁级别办公室。GDS 所带来的变化如此之快，以至于在其成立 3 年后，英国已从原先的"IT 的不毛之地"转而成为"世界上数字先进程度最高的政府"。[50]

GDS 拥有"强有力的政府权力"，才华横溢的员工，并在整个英语世界推动了数字时代政策变革，不过其促成的技术接受所带来的价值并不能单一地归为成本节省。[51]GDS 之所以备受赞誉，是因为其带来了全新改良的政府服务，使这些服务耗时更少，品质更高。在 GDS 作为初始工作计划加以优先实施的 25 项"示范"服务中，有 12 项所产生效益会在 10 年内超过开发成本。[52] 但仍有 10 项服务即使在 10 年后累积效益也不足以涵盖成本。[53] 因此必须在削减成本以外找到其他价值创造方式。

## 来福车和优步：动动手指，就会有车来接你

通过技术接受创造价值并不仅仅依靠对数字时代技术所产生的数据进行发掘。数据分析是有其目的的，就是促成行为改变。塔玛拉·梅隆并不是仅仅认识到如今消费者在网上买鞋，并且想要立即买到最新款就取得成功了。她还基于互联网广告的特点，也就是直接面向个体购鞋者，并可针对买家兴趣、购买记录、要求及对产品的浏览而定向投放，建立了一套对应商业模式。数字时代改变了鞋类市场，而塔玛拉·梅隆则改变了自身行为以适应新市场的需求。

技术接受变革管理所带来的行为改变，可能成为数字时代价值创造的巨大推动力。尽管数字时代技术可在系统和运营层面改进组织，但组织通过实施数字时代技术，在此过程中所孕育出的独一无二的知识技能素养，才是创造并获取关乎竞争力提升的价

值的关键。[54]

### 数字驱动的行为改变：来福车和优步

提供打车及拼车业务的来福车（Lyft）和优步（Uber）可说是对数字时代技术带来行为响应这一模式的绝佳案例。[55] 这两家公司均使用各自的专利技术，供潜在打车者和司机以 APP 形式下载到智能手机中。这一 APP 会对打车需求和司机运力供应进行匹配。通过技术将车辆供应合理化，指引司机前往请求地点，并限制某个区域的司机总数。这种供应合理化方式有时偶尔也会造成打车价格上涨。但打车者会接受这种涨价，将其视为在一个其他途径无法打到车的时间或地点找到出租司机而需要付出的成本。[56] 接受这个价格的司机作为独立承揽人，可获得商定合理价格的 75%，打车公司则拿走另外 25%。[57]

司机和打车者都可从为优步及来福车赋能的技术所产生的数据中得利。这些数据是便携的，用户可远程访问数据或将其转发到平台、任务组和机构。[58] 正是这种便携性，让优步变得家喻户晓。打车者们相信，在 iPhone 上点击按钮一定会招来拼车司机，于是他们去任何地方都开始先叫“优步”。如此一来，以往打车者苦等路边期待有一辆传统的出租车正好驶过的情景愈发少见了。而正是基于对公司技术会为其带来乘客的确信，司机才会在驾驶时开启手机 APP，等待打车者被添加到他们的乘客队列中。而那些不给优步或来福车开车的出租车司机，则正经历市场份额的不断萎缩，数字时代的大潮滚滚向前，而他们已被抛下。[59]

至于优步和来福车的司机们，则显示出运用数字时代技术，并按照技术要求加以改变的意愿和能力。与此类似，要从新技术所产生的大数据中创造价值，那么组织就必须具备对这些数据进行分析并从中获得意义的人力和系统资源。[60] 不过，许多组织之所以无法通过技术接受获得价值增长，是因为这些企业缺乏具备预测建模能力的员工，或拆分数据并将其信息与业务过程相匹配的工具（这一主题会留到后文针对数字时代变革领导力的战术中探讨）。[61]

### 组织架构和人员组成容许改变并衍生出价值

在数字时代，技术的作用并不纯粹是替代人工。过于依赖数据分析算法可能导致人的知识发生缺失或被取代，在对算法如何得出特定结果、模式及决策的情况下尤其如此。[62] 数字时代技术可以带来数据流并协同对其进行综合汇总，但真正分析数据背后意义并将其用于改变工作实践的，仍然是组织的员工本身。

组织必须对数据进行存取、追踪、收集、管理、治理、加工和分析等系列步骤，以实施数据驱动型决策和目标实行。要培养这种能力，就必须对手头的技术和人力资源加以开发、动员和运用。而这些技术和人力资源一经获取，就必须整合到组织架构之中。[63]

要从新技术之中获益，组织内就要有相应的分析师和决策者，彼此协作，以全新方式组合数据，探索其关联并以此获得洞察。[64] 要让数据分析驱动行为改变，组织就需要富有创造力和智慧的员工，他们能够通力合作积极创新，而不是守着前数据时代的老旧流程不思进取。[65] 数字时代的合格员工也要考虑伦理问题，要认识到数据收集和分析所带来的潜在风险。将不同数据来源（如医疗记录和财务记录，甚至是乘坐优步赴约或看病的数据[66]）相关联的做法可能会从中识别出一些隐私性敏感信息。[67]

技术接受型组织的架构必须容许跨组织职能边界的合作，而不是让职能部门继续各自为政。组织工作模式应足够灵活，以促进工作级别的跨学科互动。分析团队中应容纳不同的人员和观点，如此才能产生全新的、有价值的洞察。[68]

### 行为改变的限制

不管数据、其潜在价值以及支持性的组织架构具体如何，人们只有在自己做好准备的时候，才会去改变行为。员工对行为改变是否"准备就绪"，先决条件之一就是这些员工理解、相信并接受一个作出改变的个人原因。[69] 如果那些为数据赋予意义者本身拘泥于固有偏见、当前日常惯例以及过时的价值规范，那么就不要指望改变会发生。[70]

一般而言，多数人并不认为改变有益。如果他们能从改变中获益固然不错，但由此带来的不适会消解改变的必要性。可是，他们必须认识到墨守成规所要付出的代价和要面对的风险其实更大。为此，才需要有一个针对数字时代变革管理的战术，来细化变革领导者在设立清晰变革愿景方面的责任，并以此战术推动商业实践，实施变革管理，确保每一个人都认识到自己要为拒绝改变所付出的代价，而不仅是组织层面的照本宣科。即便如此，有些人虽然在理性上已经明白自己不能故步自封、坐以待毙，但实际上可能仍未做好迎接改变的准备。这时就需要变革管理者循循善诱了。然而，就算如此，有些人还是缺乏改变所需的能力，有些人可能并不完全具备应对改变所需要的技能。这些情况下，组织就必须投入充分的培训。又或者他们对自己已具备的技能缺乏信心。这时，就需要组织领导者用对变革的愿景来激励他们。

因为人们只会在自己感兴趣的时候改变他们的行为，所以组织必须针对员工和管理者制定奖励措施作为对人员方面的投入；既然对多数人而言接受技术是一大挑战，那么也需要对其接受度加以衡量，若不如此做，那么组织就会被那些积极拥抱技术的竞争对手抛诸身后了。数字时代的组织是围绕人员流动性和不断降低的忠诚度来构建的。当今时代，以前那套完全可替代人力资源的理论假定已被证伪。[71] 对技术和变革管理的投入应该是一个组织与其员工共建且可实现共赢的过程。[72]

因此，价值创造绝不仅仅植根于数据分析，还需要变革管理，尤其是需要人们对自身要求改变的动机加以支撑。[73] 价值创造能否达到最优，取决于组织是否有能力将其员工团结在一个共同目标下，帮助组织走向成功。[74] 以不断接纳和行为适应为特征的技术接受模式会让员工觉得自己置身茫茫大海而无锚定之所。这种环境形势下，就需要在组织的使命中为员工赋予一种共同的目标感，其凌驾于利润之上，能够为组织这条巨轮指引前进的方向。[75] 身为领导者，有责任通过设立一个恒定不变的目标来建立一种对未来的可预见感，以此让员工愿意不断适应新的技术。当其员工成为技术接受者时，组织也自然能水到渠成地完成蜕变。简单地说，Tamara Mellon 这家公司和塔玛拉·梅隆本人必须同时成为技术接受者。无论是组织还是员工个人，都必须相信，当其作出数字时代所要求的相应改变时，就有机会将潜在效益转化为真实的价值。

## 注释

1. Draznin, H., "Jimmy Choo co-founder: 'Society is better off when women earn equal'", June 30, 2017, 见 http://money.cnn.com/2017/06/30/smallbusiness/tamara-mellon-jimmy-choo/index. html。

2. Dunn, L. E., "Women in business Q&A: Tarmara Mellon", June 05, 2017, 见 https://www.huffingtonpost.com/entry/women-inbusiness-qa-tamara-mellon_us_59357964e4b0f33414194bf4。

3. 同上。

4. Segran, E., "Luxury shoe startup Tamara Mellon just snagged $24 million", June 05, 2018, 见 https://www.fastcompany.com/40581360/luxury-shoe-startup-tamara-mellon-just-snagged-24-million。

5. Lim, C., "From data to value: A nine-factor framework for databased value creation in information-intensive services", *International Journal of Information Management*, 39, 2018, 121-135.

6. Charlotte Center City. (n.d.), "Center City 2020 vision plan", 见 https://www.charlottecentercity.org/center-city-initiatives-2/plans/2020-vision-plan/。

7. Charlotte, North Carolina Population 2018, June 12, 2018, 见 http://world-

populationreview.com/us-cities/charlottepopulation/。

8. Niven, P. R., *Balanced scorecard step-by-step: Maximizing performance and maintaining results, Hoboken*, NJ: John Wiley & Sons, 2010.

9. Fowler, G. A., "What if we paid for Facebook instead of letting it spy on us for free?", April 05, 2018, 见 https://www.washingtonpost.com/news/the-switch/wp/2018/04/05/what-if-we-paid-forfacebook-instead-of-letting-it-spy-on-us-for-free/?noredirect=on&utm term=.c7997a924f95。

10. Haendly, M., "5 tangible benefits of digital transformation", April 26, 2016, 见 https://sapinsider.wispubs.com/Assets/Articles/2016/April/SPI-5 -Tangible-Benefits-of-Digital-Transformation。

11. Boston Consulting Group. (n.d.), "Digital transformation-strategy for digitizing the business", 见 https://www.bcg.com/capabilities/technology-digital/digital.aspx。

12. Mastrangelo, P. M., Prochaska, J., & Prochaska, J., "How people change: The transtheoretical model of behavior change", *PsycEXTRA Dataset*, 2018, doi:10.1037/e518442013-832.

13. Subbiah, K., & Buono, A. F., "Internal Consultants as Change Agents: Roles, Responsibilities and Organizational Change Capacity", *Academy of Management Proceedings*. 2013(1), 10721 . doi: 10.5465/ ambpp.2013.10721abstract。

14. Yohn, D. L., "Walmart won't stay on top if its strategy is 'Copy Amazon' ", July 25, 2017, 见 https://hbr.org/2017/03/walmartwont-stay-on-top-if-its-strategy-is-copy-amazon。

15. Greene, J. A., & Kesselheim, A. S., "Pharmaceutical marketing and the new social media", *New England Journal of Medicine*, 2010, 363 (22), 2087-2089. doi:i0.1056/nejmp1004986.

16. Tozzi, J., "Bloggers bring in the big bucks", July 13, 2007, 见 https://web.archive.org/web/20080215230339/http://www.businessweek.com/smallbiz/content/ju12007/sb20070713_202390.htm。

17. *Top 10 digital transformation trends for 2018*, Free Appian eBook. (n.d.), 见 https://sf.tradepub.com/free/w_appf228/。

18. "Creating the best customer experience: Accenture Interactive" (n.d.), 见 https://www.accenture.com/us-en/interactive-index。

19. Yang, C., Huang, Q., Li, Z., Liu, K., & Hu, F., "Big data and cloud computing: innovation opportunities and challenges", *International Journal of Digital Earth*, 2017, 10(1), 13-53. doi:10.1080/17538947.2016.1239771.

20. Al-Badi, A., Tarhini, A., & Al-Kaaf, W., "Financial incentives for adopting cloud computing in higher educational institutions", *Asian Social Science*, 2017, 13 (4), 162. doi:10.5539/ass.v13n4p162.

21. Lapouchnian, A., "Exploiting requirements variability for software customization and adaptation", June 01, 2011, 见 https://tspace. library.utoronto. ca/handle/1807/27586。

22. Al-Badi, A., Tarhini, A., & Al-Kaaf, W., "Financial incentives for adopting cloud computing in higher educational institutions", *Asian Social Science*, 2017, 13 (4), 162. doi:10.5539/ass.v13n4p162.

23. 同上。

24. Barreau, D., "The hidden costs of implementing and maintaining information systems", *The Bottom Line*, 2001, 14(4), 207-213. doi:10.1108/ 08880450110408481.

25. Wu, F., & Cavusgil, S. T., "Organizational learning, commitment, and joint value creation in interfirm relationships", *Journal of Business Research*, 2006, 59(1), 81-89. doi:i0.1016/j.jbusres.2005.03.005.

26. 同上。

27. "How workday is doubting down on data and analytics", October 12, 2017, 见 http://blogs.workday.com/how-workday-is-doubling-down-on-data-and-analytics/。

28. "Workday community" (n.d.), 见 https://www.workday.com/en-us/com-

pany/about-workday/community.html。

29. Marr, B., "Big data at Tesco: Real time analytics at the UK grocery retail giant", November 17, 2016, 见 https://www.forbes.com/sites/bernardmarr/2016/11/17/big-data-at-tesco-real-time-analytics-at-theuk-grocery-retailgiant/3/#1d6afed51333。

30. "Oracle Big Data". (n.d.), 见 https://www.oracle.com/bigdata/guide/what-is-big-data.html。

31. Marr, B., "Big data at Tesco: real time analytics at the UK grocery retail giant", November 17, 2016, 见 https://www.forbes.com/sites/bernardmarr/2016/11/17/big-data-at-tesco-real-time-analytics-at-theuk-grocery-retail-giant/3/#1d6afed51333。

32. Simon Knox 对某篇论文的描述, Cranfield University School of Management, Tesco, Building a Global Retail Brand Through Sustainable Marketing: Tesco: A measurable marketing case study, July 25, 2012, 见 https ://www.smartcompany.com.au/people-humanresources/managing/tesco-a-measurable-marketing-case-study。

33. 同上。

34. Tesco PLC. (n.d.), "Core purpose and values", 见 https:// www.tesco-plc.com/about-us/core-purpose-and-values/。

35. Miriovsky, B. J., Shulman, L. N., & Abernethy, A. P., "Importance of health information technology, electronic health records, and continuously aggregating data to comparative effectiveness research and learning health care", *Journal of Clinical Oncology*, 2012, 30(34), 4243-4248. doi:10.1200/jco.2012.42.8011.

36. Ostherr, K., "Perspective I Facebook knows a ton about your health. Now they want to make money off it", April 18, 2018, 见 https://www.washingtonpost.com/news/posteverything/wp/2018/04/18/facebook-knows-a-ton-about-your-health-now-they-want-to-make-moneyoff-it/?utm_term=.

e8f48a82ff73&noredirect=on。

37. Greene, J. A., & Kesselheim, A. S., "Pharmaceutical marketing and the new social media", *New England Journal of Medicine*, 2010, 363 (22), 2087-2089. doi:10.1056/nejmp1004986.

38. Myrick, J. G., "Emotion regulation, procrastination, and watching cat videos online: Who watches internet cats, why, and to what effect?", *Computers in Human Behavior*, 2015, 52,168. doi: 10 . 1016/j.chb.2015.06.001.

39. Kaufman, L., "Chasing their star, on YouTube", February 1, 2014, 见 https://www.nytimes.com/2014/02/02/business/chasingtheir-star-on-youtube. html。

40. Netburn, D., "Talking twin babies. Nyan Cat among YouTube's top videos of 2011", December 20, 2011, 见 http://latimesblogs.latimes.com/technology/2011/12/talking-twin-babies-nyan-cat-and-fridaytop-youtubes-most-watched-videos-of-2011.html。

41. Tozzi, J., "Bloggers bring in the big bucks", July 13, 2007, 见 https ://web.archive.org/web/20080215230339/http://www.businessweek.com/smallbiz/content/jul2007/sb20070713_2023 90.htm。

42. Cox, T., "The kitty site that's a phenomenon", October 21, 2008, 见 https://www.thetimes.co.uldarticle/the-kitty-site-thats-a phenomenon-5nh9bf-pskzg。

43. United Nations System Staff College, "A cloud-based ERP renovates work practices and changes bebavior at PAHO (Case Study Series, pp. 1-15.)", 见 http://www.unssc.org/sites/unssc.org/files/mini_ case_study_unssc_02_fin.pdf。

44. 同上。

45. 同上。

46. 同上。

47. 同上。

48. Clarke, A., "Digital government units: Origins, orthodoxy and critical

considerations for public management theory and practice", *SSRN Electronic Journal*, 2017, doi:10.2139/ssrn.3001188.

49. Al-Badi, A., Tarhini, A., & Al-Kaaf, W., "Financial incentives for adopting cloud computing in higher educational institutions", *Asian Social Science*, 2017, 13 (4), 162. doi:10.5539/ass.v13n4p162.

50. Clarke, A., "Digital government units: Origins, orthodoxy and critical considerations for public management theory and practice", *SSRN Electronic Journal*, 2017, doi: 10.2139/ssrn.3001188.

51. 同上。

52. 同上。

53. 同上。

54. Mitra, A., Oregan, N., & Sarpong, D., "Cloud resource adaptation: A resource based perspective on value creation for corporate growth", *Technological Forecasting and Social Change*, 2018, 130, 28-38. doi:10. 101 6/j. techfore.2017.08.012.

55. Günther, W. A., Mehrizi, M. H., Huysman, M., & Feldberg, F., "Debating big data: A literature review on realizing value from big data", *The Journal of Strategic Information Systems*, 2017, 26(3), 191-209. doi:10.1016/j. jsis.2017.07.003.

56. Pullen, J. P., "Everything you need to know about Uber", November 4, 2014, 见 http://time.com/3556741/uber/。

57. Glon, R., "How does Uber work? Here's how the app lets you ride, drive, or both", October 22, 2017, 见 https://www.digitaltrends. com/cars/how-does-uber-work/。

58. Günther, W. A., Mehrizi, M. H., Huysman, M., & Feldberg, F., "Debating big data: A literature review on realizing value from big data", *The Journal of Strategic Information Systems*, 2017, 26(3), 191-209. doi:10.1016/j. jsis.2017.07.003.

59. Nelson, L. J., "Uber and Lyft have devastated L.A.'s taxi industry, city records show", April 14, 2016, 见 http://www.latimes.com/local/lanow/la-me-ln-uber-lyft-taxis-la-20160413-story.html。

60. Günther, W. A., Mehrizi, M. H., Huysman, M., & Feldberg, F., "Debating big data: A literature review on realizing value from big data", *The Journal of Strategic Information Systems*, 2017, 26(3), 191-209. doi:10.1016/j.jsis.2017.07.003.

61. Wang, Y., Kung, L., & Byrd, T. A., "Big data analytics: Understanding its capabilities and potential benefits for healthcare organizations", *Technological Forecasting and Social Change*, 2018, 126. 313 . doi:10.1016/j .techfore.2015.12.019.

62. Günther, W. A., Mehrizi, M. H., Huysman, M., & Feldberg, F., "Debating big data: A literature review on realizing value from big data", *The Journal of Strategic Information Systems*, 2017, 26(3), 191-209. doi:10.1016/j.jsis.2017.07.003.

63. 同上。

64. 同上。

65. 同上。

66. Perry, D., "Sex and Uber's 'Rides of Glory' : The company tracks your one-night stands and much more", November 20, 2014, 见 http ://www.oregonlive.com/today/index.ssf/2014/11/sex_the_single_girl_ and_ubers.html。

67. Günther, W. A., Mehrizi, M. H., Huysman, M., & Feldberg, F., "Debating big data: A literature review on realizing value from big data", *The Journal of Strategic Information Systems*, 2017, 26(3), 191-209. doi:10.1016/j.jsis.2017.07.003.

68. 同上。

69. Shah, N., Irani, Z.,& Sharif, A. M., "Big data in an HR context: Exploring organizational change readiness, employee attitudes and behaviors", *Journal*

*of Business Research*, 2017, 70, 366-378.doi:10.1016/j.jbusres.2016.08.010.

70. Günther, W. A., Mehrizi, M. H., Huysman, M., & Feldberg, F., "Debating big data: A literature review on realizing value from big data", *The Journal of Strategic Information Systems*, 2017, 26(3), 191-209. doi:10.1016/j.jsis.2017.07.003.

71. Mahoney, J. T., & Kor, Y. Y., "Advancing the human capital perspective on value creation by joining capabilities and governance aporoaches", *Academy of Management Perspectives*, 2015, 29(3), 296-308. Doi:10.5465/amp.2014.0151.

72. 同上。

73. Foss, N. J., & Lindenberg, S., "Microfoundations for strategy: A goal-framing perspective on the drivers of value creation", *Academy of Management Perspectives*, 2013, 27(2), 85-102. doi:10.5465/amp.2012.0103.

74. 同上。

75. Birkinshaw, J., Foss, N. J., & Lindenberg, S. (n.d.), "Combining purpose witb profits", 见 https://sloanreview.mit.edu/article/combining-purpose-with-profits/。

第 4 章

那些谁都能做到的改变

有了本书中给出的专为数字时代配备的战术，任何组织的领导者都能为技术驱动的行为改变，包括通过数据分析的价值创造行为贡献自己的力量。[1] 这些战术给出了在组织各个层级应实施的举措，帮助组织驾驭技术诱导式行为，并达成组织目标。我们的战术与以往的变革管理举措不同的是，其创作初衷便是专为技术接受者提供指导，让他们在数字时代的混乱之中辨明方向。[2]

如今的数字技术正造成日益混乱的局面。多数变革管理实施者以往采用的模型只适用于那种界限清晰的，通过一个有开始、有中段、有结束的项目实现的变革。他们常引用各种变革管理专家提出的三阶段模型，比如库尔特·勒温（Kurt Lewin）的"软化—改变—重新固化"模型，[3] 威廉·布里吉斯（William Bridges）的"告别过去—中间地带—新开端"模型，[4] 达丽尔·康纳（Daryl Conner）的"当前状态—过渡状态—理想状态"模型，[5] 以及约翰·科特（John Kotter）的"营造改变氛围—对组织进行动员赋能—实施并维持改变"模型。[6]

然而，这些三阶段方式在数字时代并不适用，更别提用其制定技术接受策略了。因为如今这个时代根本就没有什么"三个阶段"。组织始终处在中间阶段，任何事物都显得模棱两可，悬而未决。尽管对于那些有明确始末期限的项目而言，古典变革管理方式仍有些许用武之地，但如今的变革已不能再被视为某种离散的、单次性的事件。单次变革管理项目对于那些必须为项目设立具体的急刹车和急转弯期限的组织而言，还可帮助其设置新目标并创造可持续价值，但也仅限于此。[7]

但是，以技术接受为策略，就意味着这种策略永不终止。即使是从原先离散式变革项目转变为连续式变革项目，也未必获得预期效果或成功。[8] 技术接受模式具备的结构和获益方式与一次性改变模式截然不同。数字时代技术始终变动不居，且还可变中生变。因此不可能只留下单个变化而摒除其他变量，然后再针对某个具体项目或举措的效果加以单独衡量。相反，甚至我们的立足之地都在不停移动。

## 不要让颠覆性技术颠覆你的组织

要在数字时代对组织经营加以展望，需要高度活跃的思维。组织需要营造并维持一种内部气氛，以支持并帮助员工适应持续改变的业界格局，获得个体的顺应力，拥抱创新和转型，并在变动不居的环境中苗壮成长。数字时代会犒赏那些自发地走上自我转型之路的组织。组织的领导者可能已认识到改变将遇到的阻力，但未必意识到其自身预测未来的能力也是有限的。现代化的有效领导者会为了寻觅混乱形势中浮现的技术接受机会而甘冒风险。

技术接受型变革领导者，也就是那些以技术接受为策略的高层管理者所要面对的挑战，是在完成组织被赋予使命的同时应对永不休止的技术改变。身为领导者，必须完成从管理单一变化到连续变化的转变，以此构建组织和个人层面应对变革的能力。通常，他们还需要面对各种反对和抗议。在技术时代，技术带来的是工作方式的完全改变，而跟上这些变化的步伐，是组织得以生存的关键。然而与此同时，组织还有始终忙不完的业务要应付。在一个颠覆性技术不断涌现，市场混乱不堪，组织内涵暧昧不清的大环境中，个人和组织都需要不断提升自己的变革能力和韧性，才能迎来繁荣兴旺。[9]

而随着组织向适应连续改变转型，领导者就会面临那些已习惯短期变革项目的员工们的质疑。例如，大多数古典的领导力转型方案都采取单次变革事件或项目的形式。[10] 而多数管理者和员工对此的本能反应就是"冷眼旁观"，直到新官上任的"三把火"烧光，或是变革项目的不良后果众人皆知。这些案例中的变革努力最终落空，原因正是"太多管理者不明白转型是一个过程，而非单一项目事件"。[11]

许多人只是希望借变革项目获得短暂的机会，来重新拉帮结派或喘息一二。他们好像把勒温的模型扩展成了"软化—改变—重新固化—然后松口气"。不幸的是，那些在自身立足的市场已经变化时却选择抽身而退暂歇一会儿的公司，最后只会被市场疏离淘汰。数字时代之中，持续进行的变革管理就好比一场马拉松，那些只想用冲刺速度完赛大吉的组织会在员工精疲力竭后最终倒下。

一个接一个的变革项目最终会压垮一个人的适应力。通常，新领导会希冀通过一次变革事件而获得"速胜"，或是令组织文化因此陡然一变。但无论是想要借助变革管理项目获得立竿见影式的改变，还是期待将组织文化转型毕其功于一役，都是不切实际的臆想。更糟的是，这种意图往往适得其反，在组织内平添几分疲惫感和抗拒心。

## 变革中的至高存在：改变企业文化

文化改变可以说是所有变革努力中的至高存在。组织文化通过共同设想和行为规范来塑造身处其中的人员的态度和行为。这些规范限定了在一个组织内，哪些行为会得到鼓励，哪些则会被排斥；哪些会被接受，而哪些会被拒绝。[12] 不过真要从人类学意义上来讲的话，文化其实始终都在变。[13] 而让文化改变"受控"的意图反而会带来虚假的期望，没有哪个变革管理者能真正达成这种期望。

我们认为，组织文化一词诠释了一系列行为背后所呈现的思维倾向，是指组织内的领导者、管理者和员工为贯彻组织所阐明的使命而加以系统化运用的一套理念体系。可以加以引领和实施变革管理的，是这种行为模式。

我们通常可在组织对其目标和愿景的陈述中发现这种理念体系的蛛丝马迹。例如，维珍集团（Virgin Group）的目标就是"让业务不断向好而变"。[14] 维珍集团领导人理查德·布兰森（Richard Branson）曾将其组织的主要行为期望表述为"每个员工各尽其职并乐在其中"，他们"受到良好训练"并且"积极性高"，[15] 可以对其积极性水平加以衡量。组织还能采取矫正措施，以此激励那些缺乏积极性的员工。

同样，决策本身也会揭示出员工的理念体系或组织文化，不管其是合乎道德的还是非道德的。数字时代技术几乎带来了无限可能，如果未加适当应用，也可能反而危害组织及其员工。数字系统并不会进行道德判断，它们只是将程序员所涉及的决策流程自动化而已。

优步的高管们曾因对应用中存在的不道德风险置若罔闻而备受媒体指责。这些管理者使用一项技术专利，即所谓"上帝视角"来追踪用户的打车数据，甚至以此报复记者。[16] 实际上，这种违背道德的做法在优步内部众所周知，在公司内部聚会中对此甚至会加以鼓励，大肆庆祝，而这些高管的卑鄙手段也并未给自己招来什么严重后果。[17]

"优秀的管理其实无非是进行选择，因此不作为的决定与有作为的决定同等重要，一样要加以检讨。"[18] 组织可以选择表彰那些将数字时代技术可能性用于不道德行为的管理者，比如用来监控女记者的个人生活，当然，也可以选择表扬那些作出更好选择的人。如果组织要凸显那些优秀决策，组织就应该让员工为自己的错误决策买单。当管理者违反了组织的规范，组织不应该对其加以庇护。

我们在行为改变中包含了如下观点，即鼓励和强化理念体系的建立。通过书中提出的数字时代变革领导力战术，便可对组织行为进行变革管理。通过转变行为，包括转变那些将人员与过程和技术相匹配的规范，就可以建立一套数字时代的理念体系，以帮助组织贯彻其使命。

## 冒险指南战术：不做受难者

如果人们将每个新的变革方案都视为对自己知识、权力、地位乃至生活方式的威胁，那么他们终将成为变革的受难者。他们会变得愤世嫉俗，疑神疑鬼。就好像马戏团里那个掷飞刀杂耍人的助手总是努力躲避掷向他的飞刀一样，这些人也想方设法地避开每一次最新的改变。当个体处在持续的恐惧之下，他就无法调动各种身体的、情绪的和心理的资源来应对改变。

而技术接受者则会发展自己持续改变的能力。毕竟，即使我们还没购买最新款的手机，也已经习惯了智能手机的自动更新，并借此紧跟潮流。技术诱发的行为改变所具有的恒定性，是数字时代的第二天性。

要接纳数字时代技术及其相应行为，我们要面对的挑战与其说是对改变的抗拒本身，不如说是将改变坚持到底，并认识到数字时代的变革管理即便不是永无止境，也会是不断迭代的过程。科特对组织转型过程的界定在数字时代被大为扩展，成为一种几乎永不完结的恒常动态变化。[19] 对于组织而言，若想在数字时代制胜，整个组织及其员工都必须在"所有层级，所有区域"都以技术接受为主导理念。[20]

　　领导者若选择以技术接受为策略，就是选择了开启一段激动人心的旅程。当然，这段旅程并非康庄坦途，旅途中也会有迂回曲折，崎岖险阻。因此，我们才推出了下面这些冒险指南战术，帮助组织领导者在获取商业增值收益的同时，避开旅程中的陷阱。

　　这段旅程要求组织投入大量的时间精力发展应对改变的能力，并设想和营造一种寻求行为改变而不是对其加以拒斥的组织氛围。对于那些已准备好迎接挑战的组织，我们归纳出了五个技术接受者的专属战术，助其在技术时代实现行为改变并获得成功。这些战术有助于建立变革管理的良性循环，以推动组织行为改变，满足数字时代提出的要求。其循环周期是连续不断的，组织每完成一个周期，就能发展出下一个周期所需的能力。和让情况愈加糟糕的恶性循环不同，在这个良性循环中，组织可以持续提升其技术接受能力。一个变革良性循环可以帮助技术接受者主动适应数字时代，并接纳那些为整个组织实现价值的技术。

　　这些战术并不是对聚焦数字时代行为变革管理的组织可采取行动的一份面面俱到详尽无疑的清单，相反，对于那些立志成为技术接受者的组织而言，战术对其只是一个开端，一个起点。

### 一张谁都想要的变革思维导图

图 3 所示的即为数字时代变革管理的良性循环。一个循环周期是以相同顺序反复进行的一系列事件或行为。通过完成五个相应战术来导引这一循环，可令其在下一周期到来时更易操作。组织应先专注于单一技术的实施。一次成功的、带来行为适应的技术接纳过程可以为下一个循环建立信心和相应能力。很快，组织便会意识到改变是持续不断的，并会发展出各种变革管理技能，让每次技术改变的实施相较前次更进一步。如此，组织便不会再将每次改变视为孤立无关的事件，而是对一系列改变组合应对自如。

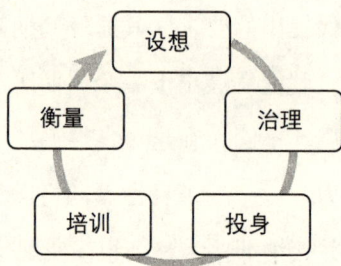

图 3 变革良性循环

## 变革实操工具：五大战术

在这场技术接受的旅程中，开始永远是最让人兴奋的；很多时候，组织只是想要追求全新开始的感觉而已。这时候要做的，是将这份激动之情尽数投入到对某个引人注目的商业案例或愿景的追寻之中。就像美国航空航天局（NASA）的宇航员会自豪地指着月球，以其为终极目标一样，技术接受者也需要一座驱策自己前行的灯塔，无论在理性还是感性方面皆是如此。

因此，作为战术一，组织应以自身最高水准为标杆，创立一个可持续商业案例，并基于此案例将自身设想为一个数字时代组织。这一商业案例的目的是明确界定为何组织要选择技术接受模式。这个商业案例不能仅列出技术接受的收益，因为还有很多其他方案也在争取获得管理层的关注，每一个在投资预测中都宣称自己会带来丰厚回报。要获得集中关注，必须要让领导者认同对技术接受的延误或拒绝将会造成无可挽回的损失。裹足不前所要承受的风险，会远大于卷入技术接受的大潮所可能带来的风险。

为避免这种原地踏步，组织高管就需要一个商业案例来明确表达自己以技术接受为策略的主张。技术接受并不是一个自下而上的过程，而是需要通过上层向下传递一个不断更新的、记载了技术接受策略实施始末的商业案例来加以贯彻。这个商业案例需要阐释组织如何接纳数字时代技术，并根据技术的需求和过程，改变其对员工的行为管理。

就像所有优秀商业案例一样，这一案例必须立足于未来，而不能包括以往流程的沉没成本。已经获得电子赋能的流程只属于过去，不应与针对此商业案例的将来决策有所关联。[21] 这个商业案例所展望的是相关人员及流程的行为体系改变，而这是由技术所推动的。维持一个变革良性循环不能仅靠机缘巧合。要完成包括制定并持续更新技术、接受商业案例和愿景在内的脏活累活，需要创建全新的变革管理职能（CMF）。

这一全新的稳健CMF会在每个商业案例中贯彻技术接受策略。其将有助于高层管理克服改变疲劳，并为战术的实施同时提供向上与向下的领导力。CMF的职责，是制定一揽子不断更新的变革管理干预措施，以应对技术接受革新，把握价值创造机遇，实现相关的行为或理念体系改变。

一旦技术接受的愿景灯塔被点亮并闪耀光芒，其便会成为员工们的目光所集，其中不少人更会以此为方向展开行动。但并非所有的行动都是恰当的。而此时，组织领导者通过审视组织的使命与价值，可以设立防范举措，避免员工踏入危险领域，保证旅途期间的安全。这些防范举措主要以政策和规程的形式呈现。

在对自身实施技术接受的前景进行了设想后，组织也需要获得帮助，为迎接数字时代做好准备。在战术二中，我们提到了组织"准备就绪"的程度，这是指对组织应对改变的能力加以评估，并构建组织用以实施治理并有效引导改变的架构。在任何改变的早期阶段，都是模棱两可，混乱不清的。人们会怀疑："是不是事事都在变？还有保持不变的东西吗？"对此，真正睿智的领导者会着重强调那些始终不变的东西：组织的使命与价值观。他们还需对那些正在改变的事物给出确凿证据。而通过在早期阶段就着手处理治理问题，领导者可以发出这样的信号：他们是以认真严肃的态度对待这个问题的，正因此才需花费时间精力去应对那些势必会伴随技术接受模式的接纳而出现的问题，并将其加以适当制度化。

当技术接纳只是作为单一项目而不是遍及全企业的迭代性方案时，组织的使命、政策及其规程常被遗忘。组织可能会尝试按照彼此分离的政策、规程或责任结构来掌控技术或变革管理，或其设想的商业案例实施并不针对数字时代而进行治理。而只有组织的治理开始接受持续的技术接纳和适应，技术接受模式才会在整个组织中传播扩散。

而当指路明灯已亮起，防范护栏也已就位，领导者这时就该邀请组织的每一名员工共同投身于这一旅程了。有些人会迫不及待地加入，可也有人会畏缩不前。还有些人虽也会上路，可一旦在路上感到疲惫、心烦或害怕，他们就打起了退堂鼓。要成功走完这趟旅程，技术接受领导者要确保所有参与者携起手来，共同向目标进发。这时就需要态度积极的倡导者和坚定不移的拥护者站出来振臂高呼，鼓舞其他员工继续前进。

在战术三中，CMF 能帮助领导者就其所设想的未来状况以及针对技术接纳的具体商业案例与利益相关者接洽，获得其认同。改变要成功，身为组织领导者必须积极倡导其所渴望的转型。对技术一跃成为行为改变三角的顶端，并接管组织流程这一情形，为何会对员工造成影响？造成何种影响？又如何影响？对于这些问题，倡导者可加以一一解释答复，来授意实施变革。随后，拥护者起而支持倡导者，在组织内反复诱导和促成改变。他们会使用那些自己拥护的技术，激发别人领悟数字时代的价值所在，并示范需要作出何种变化才能踏入数字时代。

这种吸引的方式可帮助员工全心全意投入到即将来临的改变之中。而员工通过与倡导者和拥护者的直接互动，就可以从心理上和情感上对自己生活可能发生的改变有所准备，而不再无所适从。对一些人而言，这会是一趟漫长崎岖的旅程。成功的技术接受者会认识到，帮助员工找到改变对其个人的内涵所在，能够令其建立起对帮助者的信任和尊敬感，并帮助其更快接纳和适应变化。

随着员工踏上技术接受的道路，领导者就必须确保他们具备相应的技能以坚持到底不掉队。有些人可能已具备恰当技能，但对另一些人而言，这将是个全新的领域。此时培训就至关重要。即使是那些以较高专业素养踏上这一旅程的员工，也一样会遭遇前所未见的新情况。所以不仅要培训，还要持之以恒地培训。

此时我们的战术四——培训就派上用场了。每种技术的实施均有其具体方法，但数字时代技术的共性就是需要通过培训让员工了解如何接纳这些技术。对于那些正在接纳并适应新技术及其带来的工作方式的员工，有必要给予相应投入。技术接受型组织会认识到在所有层级进行持续不间断式培训的重要性。相比一线员工，对管理者的应对方式可能不尽相同，但忽视任何一个群体的需求都会拖慢技术接受的前进步伐。

CMF 可将相关投入直接导引至行为改变三角中的技术、过程和人员这三个领域所发生的改变中。通过对培训的明确投入，可向员工阐释如何使用那些持续更新的所有技术用户均可共用的过程。对人员的教导也可帮助促成其按照所用技术的要求改变行为。

随着经过专业培训，具备合格技能的员工大部队跟上了前方挥舞大旗的倡导者和拥护者，他们会继续保持对技术的接纳和适应。有时候，他们会走岔路，有时候还会倒退。这时政策的防范护栏可以防止他们偏离正轨，但领导者该如何了解这支队伍是否正在前进呢？为此必须在旅途中树起里程碑，并关注前进队伍是否到达这些里程碑。

这就是最后的战术五中所涉及的衡量，也是数字时代变革管理良性循环的根本环节。无论是就绪度、参与度、具体行动，还是技术接受及其所创造价值的总体完成度，都需要加以衡量。在战术五中我们会提醒组织，衡量过程中不可或缺的一项，就是对管理者自身的技术接纳和适应能力进行衡量。如果一个组织的领导者能够以身作则，改变自己的工作方式，并积极运用组织所接纳的技术，那么技术接受转型才有可能成功。身为管理者，必须展示自己在通过数字时代技术所获信息运作组织方面的才能，而不是只知道盯着员工的一举一动或是流程的细枝末节不放。

那些未得到衡量或观察的事物，也就未能获得足够的管理层注意力。组织的行为并不因雄辩的言辞而改变。如果领导者能够真正领悟到技术接受对创造商业价值的重要性所在，他们就会毫不犹豫地去衡量变革的进展，并根据员工改变自身技能和理念的程度来实施赏罚。没有衡量，所谓管理沟通也不过是一句空话而已。

当领导者决心成为技术接受者时，他和他的组织都必须针对

21世纪技术的固有特性展开变革管理，以改变员工行为。借助本书中的五个战术，可帮助组织促进技术接受策略的实施。这些针对技术接受的战术也可指导员工行为，帮助其适应技术，并通过迭代使用不断创造价值。

这个过程循环往复，生生不息。完成了一个循环后，领导者固然可以为这一过程中所取得的进步和所获得的经验欣喜。但旋即他们就要做好准备，去迎接新一轮循环的开始，再度踏上新的旅程。

## 注释

1. Messina, C., "The UN leadership framework: A catalyst for culture change at the UN.", May 30, 2017, 见 http://www.unssc.org/news-and-insights/blog/un-leadership-framework-catalyst-culture-change-un/。

2. 专注于企业变革，参考广泛的资料，包括案例分析和作者们与麦肯锡合作的经历。Swaminathan, A., & Meffert, J., *Digital @ scale: The playbook you need to transform your company*, Hoboken, NJ: Wiley, 2017.

3. Lewin, K., *A dynamic theory of personality*, New York, NY: McGraw-Hill, 1935. Lewin, K. *Principles of topological psychology*, New York, NY: McGraw-Hill, 1936.

4. Bridges, W., *Managing transitions: Making the most of change*, Da Capo Press, 2017.

5. Conner, D., *Managing at the speed of change: How resilient managers succeed and prosper where others fail*, New York, NY: Random House, 2006.

6. Kotter, J. P., Abrahamson, E., Kegan, R., Lahey, L., Beer, M., Nohria, N. ...

Linsky, M., "Leading change: Why transformation efforts fail", August 25, 2015, 见 https://hbr.org/2007/01/leading-change-why-transformation-efforts-fail。

7. Roberto, D. A., "Change through persuasion", February, 2005, 见 https://hbr.org/2005/02/change-through-persuasion。

8. Ewenstein, B., Smith, W., & Sologar, A., "Changing change management", July, 2015, 见 https://www.mckinsey.com/featured-insights/leadership/changing-change-management。

9. Everett, C., "How culture change has to underpin success in digital transformation", January 19, 2017, 见 https://www.computer-weekly.com/feature/How-culture-change-has-to-underpin-success-in-digital-transformation。

10. *Harvard Business Review*, "The four phases of project management", November 3, 2016, 见 https://hbr.org/201 6/11/the-four-phases-of-project-management。

11. Kotter, J. P., "Leading change: Why transformation efforts fail", July 13, 2015, 见 https ://hbr.org/1995/05/leading-change-why- transformation-efforts-fail-2。

12. Groysberg, B. et al., "The leader's guide to corporate culture", 见 https://hbr.org/2018/01/the-culture-factor。

13. Groysberg, B. et al., "The leader's guide to corporate culture", 见 https://hbr.org/2018/01/the-culture-factor。

14. "Our purpose", February 17, 2016, 见 https://www.virgin.com/virgin-group/content/our-purpose-0。

15. "Our culture. virgin atlantic careers" (n.d.), 见 https://careersuk.virgin-atlantic.com/life-at-virgin-atlantic/culture。

16. Perry, D., "Sex and Uber's 'rides of glory' : The company tracks your one-night stands - and much more", November 20, 2014, 见 http://www.oregonlive.com/today/index.ssf/2014/11/sex_the_single_girL and_ubers.html。

17. 同上。

18. Likierman, A., "The five traps of performance measurement", October 1, 2009，见 https://hbr.org/2009/10/the-five-traps-of-performance-measurement。

19. Kotter, J. P., "Leading change: Why transformation efforts fail", July 13, 2015，见 https://hbr.org/1995/05/leading-change-why-transformation-efforts-fail-2。

20. Messina, C., "The UN leadersbip framework: A catalyst for culture change at the UN", May 30, 2017，见 http://www.unssc.org/news-and-insights/blog/un-leadership-framework-catalyst-culture-change-un/。

21. Kupersmith, K., Mulvey, P., & McGoey, K. (n.d.)，"How to write a cost/benefit analysis for a business case"，见 https://www.dummies.com/business/business-strategy/how-to-write-a-costbenefit-analysis- for-a-business-case/。

第 5 章

战术一：设想变革管理可持续
的蓝图

**主旨**：让技术接受成为可能，探寻全新领导层愿景，并从新的变革管理职能中获得帮助。

领导者区别于非领导者的一项最重要特质，就是"对那些激动人心的可能性加以设想，然后通过将这种对未来的展望与他人分享，说服他们与自己携手共进，一道前行"。[1] 真正优秀的领导者，懂得如何在具体情境中考察事实，并从中获得愿景、意义和目标。领导者通过与其他人分享自己的目标并吸引他们加入到追寻目标的行列来激励他们前进。[2]

一家大型欧洲零售银行的 CEO 制定了一套令人叹服的组织愿景，所凭借的手段就是运用清晰明确的指标，并获得手下管理者的认同。[3] 首先，他设定了明确目标：让银行经济效益翻番，将成本收入比从 56% 降至 49%，并将年收入增长率从当前的 1%—2% 提升到 5%—7%，所有这些都需在 4 年内达成。[4] 要做到这些，唯一的途径就是授予个体管理者足够权限，让他们能够利用可获得的信息进行快速决策。

随后，该 CEO 用一个故事来描述银行的现状，并表达了其希望通过信息和决策的分散管理实现减少官僚主义和提升企业家精神的决心。[5] 再由银行的执行总监们对故事草稿进行审核和凝练，并亲自为其添砖加瓦。[6]每位总监会自己撰写一个新章节，进一步描述其所在部门的状况和可能改变。[7]最后由每个经理制定绩效记分卡，以此衡量目标达成程度。等这套程序进行过半，银行也已经在达成自己降低成本收入比、增加收入及经济效益的目标之旅中行进过半了。

这个银行的示例所阐明的，是愿景塑造的一个要素：在一开始就对成功的度量进行界定。对成本效益比和收入增长率建立记分卡是一种直白易懂的方式。每个管理者都有一张个人记分卡，以衡量其通过运用信息进行快速决策所实现的业务成果。

这个案例有助于让技术接受过程更为形象化，即将其视为一个由愿景推动的持续行为改变过程。不过，对技术接受者而言，行为改变还有另一个推动力，也就是对数字时代技术所必不可少的领导力视野的需求。如今，技术正在从根本上彻底改变整个业界。而数字时代的领导者一样要承担相应责任，也就是成功制定清晰明确、可以衡量的愿景。

变革领导力取决于对技术接受进行设想的能力，也取决于组织是否有能力将这一设想付诸实现。至于变革的连续性方面，战术一中，我们着重指出了对变革良性循环内变革领导力的需求。在最初的设想完成后，之后战术的主旨就转为对变革进行调整，确保技术接受模式在组织内生效，进行适当教导，并对变革管理的各个方面加以检验等。

## 领导者要建立清晰的变革愿景

在技术接受策略实施计划的开始阶段，领导者必须勾勒出一幅技术接受的未来愿景，并以相应的领导力来实施这一愿景。作为战术，在"设想"部分中，我们也指出了组织的高层领导需对其组织的技术接受过程采取自主立场。除非建立清晰的愿景，否则领导者不会立马具备变革领导力，或者指望别人具备。对愿景的自主与倡导变革并不是一回事，后者更多涉及领导者授权他人实行具体行为改变（见战术三），而变革领导力的建立则依赖高层领导对技术接受变革愿景的亲自勾勒，就好像先前例子中的银行 CEO 在实现银行盈利性提升的案例中所做的那样。

在过去，许多大型项目并不设置项目经理。[8] 随后组织才逐步认识到项目经理的必要性，如今许多组织在实施项目时，对项目管理还要求具备个人和组织层面的相应证书。[9] 风险管理所经历的发展轨迹与此类似，如今风险控制专员已需要获得认证，并参与到对风险的列举和应对工作中。[10] 而要在数字时代实现改变，也需要领导者具备变革管理相应知识，并借助专为数字时代变革管理量身定制的战术来达成目标。

我们在"设想"战术中引入了普遍领导力的观念，这是组织实施任何策略都需要具备的。一个组织的领导层会对组织如何应对数字时代所带来的错位进行设想，勾勒出愿景，再从这一愿景制定出相应商业案例，对所选择的技术接受策略进行合理化。尽管勾勒愿景的是领导者，但只靠领导者自己是无法将其实现的。

我们发现，许多领导者在已经决定将技术作为变革推动力后，却在变革管理的投入方面止步不前。仅仅勾勒迷人的愿景，下定决心改变还不够：前方的路还很长。

以往的传统，是由外部咨询顾问或策略团队来负责修订商业案例，以解答包括行业水平竞争力在内的一系列问题。[11]当技术仅对组织内部成熟流程或人力资源计划进行赋能时，这是行之有效的方式，可如今情况已有不同。组织内部变革管理职能（CMF）在实现组织愿景时，必须确保技术的首要地位。CMF的作用是充当领导者的领航员。CMF团队成员应对变革之旅有深入了解，或曾在以往亲身经历过这一循环。CMF要做到的是见微知著，未雨绸缪。此外，CMF团队成员还需要对现有组织架构、政策和文化有准确把握，如此才能了解在哪些过程中会产生抗拒，又如何建立支持。CMF可以将以往各行其是的变革管理团队、策略团队、项目管理团队、治理委员会和变革推动者联合起来，协调各方工作。CMF会在领导者、管理者和员工中建立共同的承诺。技术接受策略能否成功实施，取决于CMF是否有能力将组织构想的愿景付诸技术接纳和行为适应的具体行为。

世界粮食计划署（WFP）目前正运用区块链技术来追踪突尼斯学校的午餐供应情况，以确保每个孩子都得到食品供给。[12]WFP还曾用区块链给叙利亚难民发放加密数字型代金券，其涵盖范围超过1万人，此举大幅节省了开支。[13]鉴于这些行为所牵涉技术的复杂度较高，所需的行为改变较为深入，且运用现代化技术的愿景实现起来较为困难，WFP便建立了一个CMF来帮助其接纳诸如区块链和加密数字货币之类的数字时代技术。[14] 作为联合国下属机构，WFP 必须遵循一大堆繁文缛节，这让其革新实际上困难重重。如果连 WFP 都能建立 CMF，那任何想要迈入数字时代的组织都应该可以。就像我们将在下面进一步指出的，一个新的 CMF 可以巩固持续更新的商业案例进程，并帮助领导者将其脑海中的愿景转变为数字时代的现实。

### 建立商业案例

成功的技术接受者会明确定义一个商业案例，规定对于战略愿景和变革管理成功与否的衡量方式。当执行层感到自己即将被数字时代抛在身后时，便会下决心接纳新技术，此时新的商业案例便呼之欲出。这种情形下，组织的技术能力已无法满足业务需求，而业界其他组织已经陆续跟进潮流。由此带来的紧迫感能够促使公司投入资金，启动技术接受方案。

但这并不足以带来适应这些新技术所需的行为改变，也无法将改变维持下去。[15] 因此，一个有效的商业案例会对技术接纳和适应所带来的商业效益进行定义和量化。最初的商业案例也可经由各方协调。如果所获得的收益不足以证明对技术、流程和人员进行投入的合理性，那么计划就需要加以修改。管理者们必须明白，他们对于能否将计划预测的商业效益付诸实现是负有责任的。[16]

随着技术跃至行为改变三角的顶端，商业案例的实用性也有所增长。数字转型的失败原因可能是"组织倾向于那些外表讨喜的解决方案，而不是对商业案例进行全面评估"。[17] 在我们的战术中，讲到了如何使用循环更新式商业案例，在需要时为投资提供支撑。"设想"部分会在商业案例中写明为何，又如何应对数字时代的错位。随后的战术提供了继续推进这一过程的实用途径，包括对变革管理进行衡量（战术五）。当演绎告一段落，组织领导者应回顾这一商业案例，并进行相应调整以用于下一步的技术接受循环。

该商业案例的"投资回报"一项计算应包含实施变革管理带来的成本和收益。商业案例中应进一步描述如何产出技术相关的革新和价值，避免组织面对技术时代的到来无所作为。对数字时代技术的投入不可能毫无代价，也不能仅凭运气。探讨从对技术接受的投资可带来的预期回报，应有助于对变革进行设想并实施相应决策。

在针对技术接受的商业案例中，变革管理是可期的。在对商业案例进行修订时，应将从变革管理过程中学到的经验教训，以及本战术使用过程中催生的想法均添加进去。CMF 将会成为商业案例的守护者和变革的首席导航员，但他们并非数字时代技术接受愿景和商业案例本身的掌舵者。

## 建立 CMF，帮组织接受技术变革

只有那些最具远见的技术接受者才开始着手建立 CMF。WFP 已经在其行政办公室内设立了一名革新与变革管理总监。这名总监负责领导 CMF，在机构内称为革新与变革管理部，他将带领 WFP 以移动端大数据为契机，实现到 2030 年终结全球饥荒的宏大目标。[18] 这个部门的职责，是对将新技术投入到实践行为，也就是人道主义援助投放的变革过程进行管控。[19]

### 赋能时代的变革管理办公室

变革管理办公室（CMO）是对新技术采用进行管控的更传统方式（尽管实施变革项目的组织中仅半数不到设立了 CMO）。[20] CMO 是对标准项目管理办公室的补充。[21] 其项目或策略团队会为组织准备一套技术体系，或制定相应策略，以规定组织的变革进路。组织高管负责为该策略背书。随后，变革管理团队会通过 CMO，借助高管所发起倡议，带领组织为具体改变做好准备。在方法学上，其只要遵循一套已预先定义的变革管理方法便可。

在项目团队和变革团队之间有明确的分工。对新工作方式的界定由项目团队完成，而变革团队，有时也通过 CMO，负责主导组织对这些新规范的适应。

### 数字时代的 CMF

对数字时代技术的接纳和适应是两个彼此并行的过程，需由同一团队加以掌控。如果变革管理只是由另一支往往级别更低的团队实施的次级步骤，那么项目团队也将无法正常工作。因为数字时代的变革是持续不断的，因此变革管理须设立一个永久性职能。CMF 与临时性质的 CMO 不同，CMO 可以转变为永久性的

CMF，负责协调改变，适应数字时代技术，对组织的技术接纳进行管理。

CMF 必须由同时具备战略项目团队和变革管理团队的构成要素。这种角色和职责的组合，使得 CMF 可以在数字时代俯瞰全局，构建针对新技术接纳的案例，并引导对这些技术的适应。在描述即将来到的改变时，CMF 并不能简单对比当前现状和期望的将来。由于定义将来的技术本身不断改变演进过程，使得未来尚不可知。而当下的形势也并不仅由组织自身掌控。在数字时代，新的工作方式是由外部界定的过程所推动的。

CMF 须由行政团队成员领导，比如首席变革官（CCO）。此举有助于提升组织相应能力，以便更好接纳数字时代技术并对其加以适应。CCO 的存在也可巩固组织以技术接受为策略的决策。

### 变革管理行为的外包

在以往的电子赋能时代，某个被摆上提案的策略、产品或流程可能会通过定制的 ERP 进行设想并给予支持，随后由一个咨询顾问对这一工作进行投标。组织会接受其投标，但标书可不会在最后两页提到变革管理。事实上这只是计划的可牺牲部分，将其取消恰可把报价降到足够低。咨询顾问的时间是要花在更高级别的策略和实施工作上的，而不是需要产生实际变化的变革管理。

而在当今行为改变占据主导地位的数字时代，情况已迥然不同，大多数提案不是在末尾附带，而是一上来就开宗明义地指出了变革管理作为成功要素的重要性。通常，变革提案会遵循经典模式。但是将变革管理外包根本无益于组织内部培养持续实施变革管理的相应能力。

变革管理的发展轨迹与风险管理类似，后者一开始也是作为外包活动，历经过去 10 年时间的磨合才成为组织内在职能。美国的《萨班斯－奥克斯利法案》要求上市公司必须包含风险监管的有效体系。2002 年该法案开始实施后，风险管理组织[22] 和认证方案[23] 纷纷涌现，以帮助公司实现合规性。国际标准化组织在 2009 年制定了 ISO31000 标准，为风险管理提供了一系列统一的原则与指导方针。[24]

公司的风险管理活动可以由其员工在内部实施，也可外包给咨询顾问。最初，由于多数公司内部缺乏风险管理专业素养，所以风险评审主要为外包活动。[25] 之后，风险管理逐步内部化，并带来了成本降低，内部人员实施风险管理活动相应能力提升，以及风险管理活动实施频率增加等诸多效益。[26] 而通过培养组织内部的变革管理能力，组织也能收获与之类似的效益。

### 内部 CMF 带来的效益

不幸的是，一些组织企图将整个 CMF 职能外包给咨询顾问。当然，CMF 可以借鉴咨询顾问的专业知识和技能。但如果让局外人一手包办技术接纳和适应，变革成败与否全然依赖签约专家，则组织本身可能就不足以承担重要的职责。

例如，某个国际制造企业雇佣了一个咨询顾问团队来实施全球所有分部的 ERP 系统落实。[27] 结果在花费 2000 万美元后整个项目却陷入停顿。没人能够解释对最新软件需求背后的设想到底是什么。咨询顾问们并非不尽力——他们也试图落实一套 ERP 并提供业务流程变革的后援。但是，由于没有一个内部 CMF，组织未能认识到，这不仅仅是一个技术项目，而是要改变每个工厂的具体行为。结果整个项目半途而废。而后，一个 CMF 团队被赋予了适当的职责、权威和执行权，这一团队花费了 12 个月和工厂经理、副总裁和总裁会面，勾勒出全球工厂的商业愿景，在这一设想中，在某个国家生产的零部件可以运送到另一个国家的工厂进行最后组装。成功的最重要度量被界定为新产品的上市时间。

"建立并维持数字应用及操作所需技术、流程及决策构成的绝对体量，意味着公司不可能再墨守成规。"[28] CMF 的一个作用就是实施战略关联决策，包括任何与数字时代技术相关的决策。当然你也可以选择像以往那样运营，在进行风险决策时无视技术所带来的利弊。只是这种方法势必导致决策缺陷。

对于有志于在数字时代获得成功的技术接受者而言，组建 CMF 是基本要求。如上所述，CMF 的层级应足够接近高层管理，或有自己专属的公司变革官员，如此才能发挥效力。CMF 可帮助组织培养自身把握数字时代创新的内部能力，这种能力是以往的直线管理人员很难赋予的。CMF 并不要求那些不具备所需技能的经理去加班加点。相反，CMF 会承担起发现新的技术接受机遇，并设法促成行为改变以应对这一技术的相应责任。

# 联合国项目事务厅：CMF 带来更高效的援助

CMF 可确保组织始终运用经过扎实调研的想法观念、影响分析以及立足于标准度量的反馈回路。即使面对来自强有力的基层管理者对变革的抗拒，或是后者提交的项目不符合数字时代要求的情况，CMF 也应固守底线。CMF 需要一个清晰明确的职能描述，来指出其两大核心责任：管理对数字时代技术的接纳过程，并引导组织适应数字时代技术。

## 管理对数字时代技术的接纳过程

CMF 最具挑战性的任务就是帮助其组织获取并运用数字时代技术。这个任务并非传统上变革管理的一部分。数字时代技术的目的达成和应用前景，取决于其能否取代过时流程。如果组织在接纳新技术的同时还试图维持原有陈旧技术，那是不可能提高经营效能和效率的。

CMF 建立的数字时代变革计划中会包括那些可应对数字时代挑战的相应技术。有了 CMF，首席信息官或管理者们将无权选择那些只对他们自己的需求实现功能最优，然而对整个组织却未达标准的解决方案。相反，CMF 可以向组织领导者推荐符合其需求的优秀数字时代技术。而组织通过选择 CMF 所推荐的数字时代技术，就可以无须在定制化或过程自动化上投入，因而实现节省。CMF 会帮助组织与时俱进，并对其可获得的、不断变化的技术选项加以管理。

2017 年，联合国项目事务厅（UNOPS）建立了一个 CMF，即一个负责引导 WFP、联合国开发计划署（UNDP）、联合国儿童基金会（UNICF）、联合国妇女署、联合国难民事务高级专员以及联合国发展集团（UNDG）等诸多机构展开技术接纳和适应的联合工作组。[29] 正是这一工作组主导了 WFP 区块链相关研发，以及旨在收集地形数据的无人飞行器项目（UAV）。[30] 这些技术在提供校园午餐、向难民分发资金以及分析已数字化自然灾害数据等各个方面均取代了传统方式。借助数字时代技术带来的革新，WFP 成功从这些行为改变型技术中获益，并实现了更高效的援助供给，比如通过使用区块链，节省了数百万美元的银行转账费。[31] 调整 WFP 流程以使其适应数字时代，也使得捐赠者的"资金价值"得到了提升。[32]

WFP 的例子表明，CMF 是组织保持自身与数字时代相容性的战略工具。UNOPS 工作组帮助 WFP 找出了可替代其原有系统的现代化技术。随后，该 CMF 通过在 WFP 任务范围内帮助后者构思用到这些技术的新创意并加以实施，来达成为 WFP 节省资金，提升服务，并以此吸引捐赠和赞助的目的。

WFP 的例子也可从提升技术战略重要性的角度去解读。由于 IT 部门常被排斥在针对特定需求的内部解决方案开发（技术定制）之外，IT 部门和基层管理者之间难免矛盾升级。而如今，面对那些技术接受所影响到的决策，组织领导层需掌握主导权，而 CMF 正是其助力所在。CMF 可监督管理者们是否遵从这些决策，并确保后者无权终止改变，或拒绝使用组织已选择的技术。

### 协调对数字时代技术的适应

技术变革的持久性使得 CMF 需要具备相应能力，将数字时代诱发的行为改变与组织的商业目标联系起来。CMF 会确保自身所做决策是基于对数据流所获信息的综合与衡量后得出的，以此为领导者的决策提供支持。分析数字时代技术产生的数据所得出的结论，可以有助于对技术接受行为的接纳。

至关重要的不是数据流，而是其中蕴含的信息。以全球计算机网络为依凭的数字登记技术被寄予厚望，许多组织正对这一技术加以测试以考察其是否有望削减银行电汇成本。[33] WFP 正在使用的是一个数字货币网络以太坊（Ethereum），其可根据定制化需求发行代币，这些需求包括转账、登记销售，甚至投票统计。[34] 借助从代币中所获得的数据，WFP 可在削减银行费用的同时，实现对成百上千难民的食品援助发放情况的监控。其他联合国机构，如联合国计划开发署，正在评估使用区块链技术提高选举安全性，并消除选票遭涂改的可能性。联合国已设立了一个联合 CMF，指导多个旗下机构去认识并掌握这些潜在技术选项。[35]

CMF 可确保以策略方式，而非单纯运营方式来支持技术接受，使组织的技术能力与其对新经济需求的认知不致脱节。CMF 能够帮助领导者处理员工对行为改变型技术所作出的反应。而且，CMF 的建立也为技术接受者开辟了职业生涯路径，有利于组织内变革管理技能长期可用。

## CMF 拥有多少权限才能真正创造效益?

尽管对于那些技术接受的信奉者，建立全新 CMF 的理由不可谓不充分，但真要着手建立，仍会面对诸多挑战。要让 CMF 运转，就需要赋予其足够权限，而不仅仅是营造一种科特式的"紧迫感"。[36] 获得行政高管的首肯是变革管理迈向成功的第一步，但绝不是最后一步。[37]

说老实话，变革管理项目与变革转型的历史成功率其实是比较低的。[38] 正因为改变容易遭受挫折，组织领导者才需要成为变革举措的坚强后盾。不过，正式领导者不可能面面俱到、脏活累活都自己干，他需要其他人的帮助来营造一种改变确实在发生的现实感。如果没有来自 CMF 的支持，那对于普通员工或管理者而言，技术适应不过是其常规日常任务之外的一项额外责任而已。不过，从变革一开始，CMF 的可信度就要面对各种对变革的抗拒、遭受的挫折以及随之而来的精疲力竭之感的挑战。

组织也可以尝试将 CMF 纳入到其管理者的工作范围中，而不是直接建立 CMF。不过，这样一来实施变革管理工作所需的基础往往并不扎实。让基层经理或变革管理者做短期后备或者打双工是一种短期解决之道；但变革举措很容易干扰其正常业务运营。由于准时生产方式下富余时间有限，行政应对手段又较为匮乏，领导变革管理往往是一份吃力不讨好的任务。普通管理者也未必具备作为变革管理者所需的技能。就像风险管理一样，变革管理如今也有具体的规范，有认证，有培训课程。只是很少有人获得变革管理者的认证。那些有此认证的员工可能被招入了人力资源或通信部门，其职位级别通常较低，不足以领衔全组织范围转型。

## CMF 必须参与变革的环节

面对数字时代的持续改变，传统的方式是先组建项目团队为组织指定新的商业策略，然后让变革管理团队帮助组织为这些改变做好准备。可这套办法如今已经行不通了。对技术接受型组织而言，必须由内部 CMF 实施针对数字时代的商业案例。

通过对这一职能团队在支持组织技术接纳与适应方面的相应职责加以授权，便可克服 CMF 建立过程中遇到的挑战。在 CMF 帮助下，我们的"设想"战术意图十分明确，即帮助领导者理解数字时代，令其有能力领导整个组织向数字接受者的目标迈进。CMF 会参与到变革良性循环的每个环节之中：包括之后的治理、投身、培训和衡量。CMF 的作用好像一个双路开关，领导者通过这一职能，可在改变组织前进方向的同时实行管理，而不是任由项目团队和变革团队各自为政。

CMF 所代表的是一种可能性，是对组织发起倡议，制定相应战略，开发技术，并对其进行管理的方式加以改变的可能。其既可被视为数字时代治理的秘书职能，同时也是对倡导具体内容的高层级提炼者。在 CMF 职责范围内的，还有协调对数字时代技能的培训，以及对组织管理者运用技术的相应能力进行衡量。这些都是变革管理良性循环的构成要素，将在接下来的几个战术中一一呈现。

## 注释

1. Kouzes, J. M., & Posner, B., "To lead, create a shared vision", January, 2009，见 https ://hbr.org/2009/01/to-lead-create-a-shared-vision。

2. Levin, M., "Why great leaders (like Richard Branson) inspire instead of motivate", March 30, 2017，见 https://www.inc.com/marissa-levin/why-great-leaders-like-richard-branson-inspire-instead-of- motivate.html。

3. Lawson, E., & Price, C., "The psychology of change management", June, 2003，见 https://www.mckinsey.com/business-functions/organization/our-insights/the-psychology-of-change-management。

4. 同上。

5. 同上。

6. 同上。

7. 同上。

8. Morris, P. W., "Brief history of project management", February, 2011，见 http ://www.oxfordhandbooks.com/view/10.1093/oxfordhb/9780199563142.001.0001/oxfordhb-9780199563142-e-2。

9. Elton, J., & Roe, J., "Bringing discipline to project management", March, 1998，见 https://hbr.org/1998/03/bringing-discipline-to-project-management。

10. International Organization for Standardization，"Risk management - Principles and guidelines"，November, 2009，见 https://www.iso.org/standard/43170.html。

11. Mind Content Tools Team. (n.d.), "Porter's five forces: Understanding competitive forces to maximze profitability", 见 https://www. mindtools.com/pages/article/newTMC_08 .htm。

12. "UN blockcbain: Multi-UN agency platfom", 见 https:// un-blockchain. org/category/wfp/。

13. 同上。

14. World Food Programme (n.d.), "Building blocks", 见 http ://innovation. wfp.org/project/building-blocks。

15. "Why a business case is key to your digital transformation. Digital transfomation" (n.d. ), 见 https://www.panorama-consulting.com/why-a-business-case-is-key-to-your-digital-transformation/。

16. 同上。

17. Jain, A., & Beale, A., "Developing a business case for digital investments in health and social care", *International Journal of Integrated Care*, 2017, 17(5).doi:10.5334/ijic.3633.

18. "Calgary-born Robert Opp leading UN World Food Programme's new innovation division", July 14, 2006, 见 https://betakit.com/calgary-born-robert-opp-leading-un-world-food-programmes-new-innovation-division/。

19. Lawrynuik, S., "Albertan born on a grain farm to rethink how World Food Programme's humanitarian aid is delivered", *CBC News*, January 3, 2018, 见 http://www.cbc.ca/news/canada/calgary/robert-opp-world-food-progamme-innovation-alberta-1.4471461。

20. Prosci. (n.d.), "A change management office primer", 见 https://www. prosci.com/change-management/thought-leadership-library/a-change-management-office-primer。

21. Creasey, T. (n.d.), "Latest data and key considerations for the CMO", 见 http://blog.prosci.com/Latest-Data-and-Key- Considerations-for-the-CMO。

22. 风险管理协会（RIMS）于 1950 年成立，旨在服务保险行业，并通过其企业风险管理卓越中心在 2005 年扩大规模，以满足日益增多的企业风险管理需求。参见《RIMS 2005 年报》，见 https://www.rims.org/aboutRIMS/ AnnualReports/ Documents/2005 annualreport.pdf。

23. 风险管理学会成立于 1986 年，并从 2005 年开始推出其风险管理国际证书。见《Our story》(n.d.)，见 https://www.theirm.org/about/our-story. aspx。

24. Internationd Organizatim for Standardization, "Risk management - Principles and guidelines"，November, 2009，见 https:// www.iso.org/standard/ 43170.html。

25. Louisot, J., & Ketcham, C. H., *ERM enterprise risk management: Issues and cases*，Chichester: Wiley，2014.

26. Christensen, J., "The decision to internally generate or outsource risk management activities"，August 2011，见 https://epublications.bond.edu.au/cgi/ viewcontent.cgi?article=1095&context=theses。

27. 基于作者的咨询经验。

28. Desmet, D., Loffler, M., & Weinberg, A. (n.d.), "Modernizing IT for a digitat era"，见 https://www.mckinsey.com/business-functions/digital-mckinsey/ our-insights/modernizing-it-for-a-digital-era。

29. "UN blockcbain: Multi-UN agency platform"，April，4, 2018，见 https:// un-blockchain.org/category/wfp/。

30. Milano, A., "€ 2 million donation to fund world food programme blockchain project"，April 20, 2018，见 https://www.coindesk.com/world-food-programme- blockchain-project-receives-e2 -million-donation/。

31. 同上。

32. 同上，另见 Alexandre, A., "Belgium contributes to world food programme blockcbain project"，April 12, 2018，见 https://cointele-graph.com/news/bel- gium-contributes-to-world-food-programme-block-chain-project。

33. Tirone, J., "Banks replaced with blockchain at international food

program", February 16, 2018, 见 https://www.bloomberg.com/news/articles/2018-02-16/banks-replaced-with-blockchain-at-international- food-program。

34. 同上。

35. "UN blockchain: Multi-UN agency platform", 见 https://un-blockchain.org/category/wfp/。

36. Kotter, J. P., "Leading change: Why transformation efforts fail", July 13, 2015, 见 https ://hbr.org/1995/05/leading-change-why transformation-efforts-fail-2。另见, Conner, D., "The real story of the burning platform (describing the burning platform approachto creating a sense of urgency", August 15, 2012。

37. Kotter, J. P., "Leading change: Why transfomation efforts fail", July 13, 2015, 见 https://hbr.org/1995/05/leading-change-why- transformation-efforts-fail-2。

38. 同上。

第 6 章

战术二：治理技术与变革

**主旨**：建立治理架构，以引导对数字时代技术的接纳和适应。

　　2018 年 3 月，美国联邦贸易委员会、美国参议院司法委员会、众议院司法委员会，以及 37 个州的检察长发起了对 Facebook 对其用户浏览及其他个人数据隐私的保护情况（或者说缺乏保护的情况）的调查。[1] Facebook 承认将其用户数据提供给了一家私人公司，后者则试图利用这些数据对用户在美国总统选举过程中的想法和投票进行操纵。[2] 这对 Facebook 不啻一场灾难，甚至危及其长期信誉。而问题的核心就在于 Facebook 对用户的技术接受行为带来的改变准备不足，反映在实际中就是其对这些改变缺乏必要治理。

## 治理关系到组织变革的成败

　　新技术会释放出全新的行为自由空间。比如以往代价高昂、耗时漫长、困难重重甚至根本不可能完成的任务，如今都能轻松搞定。技术接受者乐于进行实验，只要有可能，就会有人去尝试。而只要这些实验与组织的使命与价值不相违背，那么就应加以鼓励；但如果其与组织的使命价值发生抵触，那就应勒令禁止。通过将那些明确价值观的政策加以确认、书面化并颁布实施，就可以让员工明白什么可以去做，而什么不可以，从而帮助组织营造一种适应持续改变的文化。

领导者在此过程中应身先士卒，以免手下员工在毫无准备的情况下猝不及防。有些情况下，员工不会去尝试一些做法，是因为这些做法被现有政策所禁止。比如，尽管知识型员工可以使用技术工具实现在家工作，但是多数人并不会因此冒险触犯那些规定办公室为唯一工作场所，以保护商业机密的公司条例。但是，如果允许远程办公，那些习惯了仅用密码锁和保护键来保护信息安全的员工甚至不曾想过如果他们的智能手机落入图谋不轨之人手中，会是什么后果。因此仅针对实物资产的书面政策将不足以维护虚拟资产。

技术接受蕴含的风险催生出了我们变革管理战术二的内容：通过组织治理，提高其对改变的就绪度。[3] 以技术接受为目的进行界定的话，所谓治理，就是一套对之前提及的行为改变三角中的技术、流程和人员三个环节进行引导的相关政策，以及对规程进行决策的统一体系。[4] 通过系列政策规程层级结构进行治理，可对组织在接纳和适应其选定数字时代技术过程中的风险加以管控。治理包含以下内容：构建全组织范围治理架构，建立针对政策规程的管理责任，以及合规性监控。

我们在战术一中对建立新 CMF 的相关探讨表明，具体的商业案例始终是实现对数字时代技术的接纳与适应的基础。而相关政策和实施规程则会阐明如何以与组织使命相一致的方式去实现这个商业案例。治理有助于提升组织的变革就绪度，因为其能够使能力构建与沟通过程以及组织的主导使命相匹配。

## Google 4000 名员工抗议公司与美国军方合作

技术接受者始终生活在中心化和去中心化的冲突之中。由于越来越多的信息对一线基层管理者已是唾手可得，多数组织都在朝着决策去中心化的方向发展。[5] 治理的作用是确保这些个体决策贯彻了组织的使命和价值观——而支撑这些价值观的一般是以中心化方式推动的政策。因此，治理其实是对所有部门和职能均有权威的中心化职能。

治理帮助组织应对数字时代的挑战，也助其化解对最新技术体系建立分散治理架构所要面对的巨大压力。对于非技术接受者而言，ERP 系统只是一套行政工具，并不承载组织的使命或"真正工作"。因此，与其麻烦其他业务经理，组织不如将 ERP 系统或其他具体技术相关的治理问题交给 IT 部门处理。或者，可以发起成立技术委员会，来进行对 IT 系统变革的审批。

虽然最初实行更为简便，但这种分散式治理会使得组织各层级对数字时代技术的接纳和适应产生一定限制。其会制约数字时代系统的效力及其行为改变潜力。分散式治理结构也会造成决策结构彼此脱节并最终无效化，难以维持组织的政策与规程框架，从而威胁到整个组织的合规性以及对其的管控。进一步来看，对不同部门实施不同规定，允许经理自行决断对某些部门可能是理想选择，但对组织其他部门而言就并非如此了。

对于数字时代的组织而言，系统性地建立相关政策规程，以一种可重复使用的形式加以永久性成文化，并允许技能人员对这些规程进行相互对照与联系，是一种基本能力。[6] 因此，现代组织的治理架构应包含四个要素：引导使命、单一治理委员会、立足现实的政策规程以及统一的政策规程手册。

### 组织使命相关

使命之于组织，就如同北极星之于航船，是其治理决策的指引，更是对其技术接受需求的终极检验。多个联合国组织近期开始采用数字时代 ERP 信息管理系统。[7] 这些组织无论是在总体上强化组织治理，还是在具体方面提升其 ERP 系统的目标，均建立并公布了明确预期。任何 ERP 系统，均必须能帮助组织以更为高效的方式和更迅速的响应性来达成其在人权、健康或发展方面的使命。ERP 并不是对组织使命的取代，它们只是为了更好达成使命而使用的工具。

良好的治理可以协调政策规程与组织使命，令两者相一致，以此帮助组织提升业务水平。Google 的员工反对他们的公司与美国军方签署合同，将人工智能用于改善无人机性能。尽管 Google 的第一条口号就是"不作恶"，但公司并无明确政策规定其与军方接洽的细节应该如何。而在收到 4000 名员工的抗议后，Google 最后选择拒绝与五角大楼续签合同，并承诺会制定新政策，以预防 AI 的武器化。[8]

不过，数字时代转型步伐迅猛，这也要求组织治理具有一定弹性，以应对前所未有的变局。2017 年，Facebook 将其使命表述改为了"让世界更紧密地联系在一起"。不过讽刺的是，Facebook 先前的使命表述为"让世界更为开放互联"，而正是这一使命宣示期间，发生了数据泄露事件。[9] 如果 Facebook 对它前一个使命的理解是让其 20 亿用户的私生活变得"公开透明"的话，那它确实做到了。只是，如果 Facebook 原本并无泄露其用户个人数据隐私之意，那么随着这家公司迷失在自己掀起的技术时代大潮之中，它实际上未能贯彻自己的使命。

### 组建治理委员会

组织治理架构的另一个组成要素是其治理委员会，该委员会对所有组织政策规程负有最终责任。Facebook 由其创始人、CEO、主席及 60% 投票股权持有人马克·扎克伯格（Mark Zuckerberg）所掌控，[10] 据称其"一人独自端坐在位于加州的办公室中，为全球数十亿人制定政策"。[11] 不过，要管理数十亿人的隐私，只有一个成员的治理委员会恐怕并不是最有效的，也称不上符合道德。[12] 对 Facebook，将来可采取的方式也包括：给那些个人数据被 Facebook 收集的用户更多直接权力来决定公司可以用这些数据做什么，以及万一发生泄露时 Facebook 应承担的责任。[13]

治理委员会可负责调解围绕政策含义及其与流程整合所产生的争端。其也管理政策审批流程，对所有政策进行审批。委员会还是对规程文档的监督实体，以确保其与现有政策保持一致。例如，针对远程办公，相比令出多门、彼此矛盾的局面，治理委员会可确保以统一途径实现这一目的。更具深远意义的是，治理委员会可剥离个人管理者或部门构建政策或专属规程的权限。

联合国开发计划署（UNDP）在采用 ERP 时便遵循这一治理方式。该组织的治理架构必须在其利益相关者之间达成充分协调，并允许 UNDP 在自身层级责任结构内部作出有效决策。UNDP 建立了一个"三边顾问小组"，负责对涉及 ERP 技术实施的决策提出建议。不过，这一小组的建言随后还要由高管团队确认，后者才是 UNDP 的最根本内部治理主体。[14]

治理委员会成员必须对组织正在从事的任何技术现代化事务有充分认识和了解。鉴于首席变革官（COO）在技术接纳和适应决策方面的权威性，其应成为政策委员会的一员。COO 可帮助政策委员会确认规程改变不会与组织的政策或使命相冲突，无论这种改变是根据提案，还是云技术软件更新带来的要求。当某个业务流程的自动修订导致其与某项政策不合拍时，政策委员会需考虑是否对此政策加以更改。至于变革管理职能（CMF）则可确保政策修改与变革管理良性循环相合。

### 建立基于现实的数字时代政策规程

如同现代技术对商业和经济领域的颠覆一样，其也对治理造成了颠覆。[15] 旧的政策，组织用以建立权威、责任、义务和现行规程的相关规定，以及实施这些政策所借助的过程，都不再足以勾勒描述组织对数字时代的应对之道。出于变革管理目的，政策及其实施规程都必须反映出组织身处的真实环境。要与技术接受策略协调一致，治理就必须帮助、指引员工面对这一现实。一个组织，必须确保对行为改变三角的所有环节都实行治理：也就是技术、人员和流程。

如果要对 Facebook 的数据隐私治理政策加以形容，那大概可称之为"粗枝大叶"。[16] 公司的政策并不禁止从用户处收集数据，因此其允许用户联系人、外部实体乃至 Facebook 自己收集关于每个用户生平档案、地理位置、亲友、爱好、个性、信仰和心愿的大量信息。[17] Facebook 的政策要求个人用户自己承担保护数据的责任，即使用户尚未意识到哪些数据已经被 Facebook 收集并被允许转交给其他方面的情况下也是如此。[18]

政策方面，组织的治理委员会应承担起对所有组织现有政策进行标识和系统化，并起草新政策以涵盖新涌现的或目前未被任何政策统辖领域的责任。为做到恪尽职守，治理委员会必须对政策制定采取风险管理。也就是说，委员会必须对组织的潜在威胁的可能性和严重程度加以评定。[19] 随后由委员会拟定政策来约束这一风险，指派相应的处理权限，并划定相关责任。其间，委员会也要将法律、行业规定和伦理道德纳入考量。[20]

在可预见到严峻风险的情况下，仍留下可能对组织产生负面影响的政策漏洞，即可归为治理失败。在《卫报》（*Guardian*）2015 年已报道了 Facebook 未经授权收集数据的新闻的情况下，[21] Facebook 却依旧对此置若罔闻，并未制定任何新政策来防范这一风险的可能爆发。[22] 直到大规模数据泄露东窗事发，将公司卷入到一系列诉讼、丑闻和可能面临的政府监管之中后，Facebook 的 CEO 马克·扎克伯格才出面宣布进行政策更改以保护用户数据。[23] 只是这些新政策的更改力度太小，也来得太迟了。

与 Facebook 的境遇类似，优步在保护用户数据问题上也马失前蹄。资深优步经理会使用一种被称为"上帝视角"的专利技术来追踪用户的叫车数据。而为了报复那些对优步进行公开批评的记者，优步竟然对这些记者进行了追踪，并利用其叫车信息来威胁恐吓其家人。[24] 优步的经理还仅仅出于消遣对那些可能赴"一夜情"的用户行程进行记录。[25] 而当这些滥用情况被公之于众时，优步却辩称相关政策允许员工出于"商业原因"收集用户数据，可制定这些政策的正是公司自己。由于不受政策约束，优步对技术的运用已经逾越了应有的限度。[26]

Facebook 和优步这对难兄难弟的遭遇证明了为何在数字时代，一个组织的治理也必须将数据管理政策包含在内。大多数国家的法律规定对从事敏感行业，如司法、健康和教育或特定客户业务的组织者要求实施最低限度的数据保护。[27] 但是数据流创建技术的发展速度已超过了立法速度，大多数组织必须自行判断如何避免因非法或不道德数据使用而带来的声誉受损风险。[28] 因此，组织须针对数据访问、共享、使用、保存、保密及清理等环节设立相应政策。对个人数据的滥用所引发的公愤将迫使组织实施比法律更严格的相关要求，并对诸如数据收集目的、使用透明度、所有人授权同意数据共享等问题加以考虑。[29]

现代技术的实施也给了组织一个机会进行流程现代化，使其符合最佳范例。[30]一个组织的规程应同时描述两种流程，一种为具体技术所特有，如通过使用 ERP 系统招聘员工或向部门转移资金所用流程，另一种则是完全与技术相分离的流程。那些描述数字时代技术的标准操作程序必须加以定期审查和修订，以对应云系统的持续更新。过时的组织流程（那些还记录在污渍斑斑的陈年备忘录上的老皇历）应该被能够更迅速高效地执行任务的数字时代流程所取代。

通过治理实现就绪度的提升，也能帮助组织未雨绸缪，迎接技术接受所带来的策略挑战之一，即与同一技术的其他使用者之间互联性的增加。在数字时代，组织的政策规程会对外部利益相关者造成影响。例如，推特（Twitter）对其政策进行了更改，禁止用户就另一用户的民族、种族、出身国、性取向、性别、性别认同、宗教隶属或年龄对其发布威胁内容。[31]但是，推特上的"喷子"却利用其政策中的漏洞肆意辱骂残疾人。其后，在经历残疾人利益团体的批评后，推特方才将残疾人也加入了上述清单中。[32]

### 制定统一的政策规程手册

现代组织治理结构的最后一环就是政策规程手册。为对其技术接受方式加以管控，组织必须以成文法典形式对自身政策规程加以归纳，也就是将那些组织用于自身治理的规定和流程以集中、权威的方式呈现在手册之中供人参阅。政策手册针对那些相互关联的政策，实施程序以及表单或其他文件，或是通过技术实施帮助组织达成自身使命的个别商业流程等，建立起一套层级体系。一旦文件之间发生冲突，就可以以高一级文件的指导为准。因为不同的技术和政策以一种互相结合并彼此关联的方式共同影响组织的内外部利益相关者，因此政策文件都不是孤立的。

手册的形式也有助于表明一个治理理念，即包括任何 IT 系统相关流程在内，没有一个流程可以脱离政策基础独立存在。尽管有些数字时代系统，如 SaaS ERP，有其自带的流程文件，但仍需要在这些程序与组织本身的政策、业务乃至技术接受者商业案例之间建立联系方能令其发挥作用。组织的政策无疑会对其数字时代 IT 系统有所制约，因为这些系统其实只是用于实施政策的一套程序而已。因此，手册可将数字时代的流程纳入到组织的治理架构内。

借助治理，组织便有能力应对技术接受模式所带来的丰富选择，但也应注意，由于互联性的存在，这些选择会对组织内的所有方面都造成影响。手册表明了组织选择了哪些特定程序来实施其技术接受商业案例。作为组织技术与变革管理治理的一部分，政策规程手册会指出哪些决策对执行技术、接受商业案例是最为合适的。

## 管理者必须承担治理责任

彼此协调一致的政策、规程及治理架构，有助于平复管理者群体中蔓延的焦虑情绪，这些人正因自身组织采用了数字时代技术而感到恼怒不已，甚至觉得备受威胁。在组织采用所谓 SaaS ERP 或客户关系管理（CRM）系统以前，中层管理者的权力要么来自其对流程、系统的部分掌控，要么来自与销售对象建立的广泛人脉（CRM 的情况）。但这种架构的结果便是，特定流程的业务负责人可能会发出互相矛盾的指令，导致各自掌握相同流程一部分的经理和员工之间爆发冲突。数字时代系统治理确保部门或管理者不能自行作出那些他们认为最优，但对整个组织实则并非如此的决策。在数据流透明度的支持下进行的治理可有效防范这种情况。

### 让管理者成为政策与业务的自主负责人

通过增加管理者的管理责任，并让工作打破部门壁垒，就可克服其对新政策规程的抗拒。管理者一旦成为政策负责人和规程业务负责人，就要对自身职能领域相关政策与规程的准确性负责。政策负责人要确保所有现存政策均已被纳入到政策手册中，而且在其权限内的所有政策均为最新且无误。他们也可以要求对政策进行修订，以匹配相应技术。

作为业务负责人，管理者需对数字时代流程及其他流程负责，确保其相应政策的实施。既然被分配了相应任务，接受了了解或制定流程的要求，身为管理者就必须使用组织已接纳的技术。而随着管理者们使用指定技术，他们就会对影响自己业务范围的规程进行维护和修订。如果需要用一套云系统，也就是 SaaS

ERP 或 CRM 来执行特定任务，而该系统正经历更新，则管理者就要对描述如何执行特定任务的程序文件的准确性负责。对程序的描述也须与程序本身一同更改。

### 对业务流程专家授权

德国软件公司 SAP 可能是首家提出通过发挥业务流程专家（BPE）作用对被提案的软件强化功能进行测试的公司。[33] BPE 是对管理者进行辅助，帮助其履行作为政策与流程负责人职责的低一级员工。BPE 必须对程序的简化进行时刻关注并加以测试，尤其是那些因云计算操作软件自动更新而受影响的程序。BPE 对程序文件有初步编辑之责，以确保该文件所述为实施政策的最高效流程，其是 ERP 内部流程还是外部流程。他们实际上还负责对程序水平上的技术探索过程中浮现的革新或新思路提案进行起草。这些思路随后会通过 CMF 进入到设想的战术流程中。

BPE 应组成一个团队，不在任何独立部门的权利范围以内。通过建立 BPE 团队并对其授权，就实现了组织将最终程序责任从单个部门转移到其治理委员会的目的。这一安排可令 BPE 协力工作，协调跨部门领域的技术变革，从而减少部门之间的程序冲突及内斗。

作为数字时代变革管理的基本原则，组织要让自己真正摆脱那些旧流程而用新技术取而代之，就必须抵御组织内部出现的让新旧两种流程同时并存的呼声。我们在第 2 章中所述的技术接纳—适应策略矩阵显示，数字时代与以往的赋能时代截然不同，试图用陈旧过时的流程来触摸数字化的未来，不过是痴人说梦罢了。BPE 会将其对组织业务流程的了解与数字时代技术的应用相结合。而在如今的信息时代，BPE 还须承担新的职责，也就是发现技术推动引发的程序改变，并对这些改变加以测试，以确保其恰当无误。

## 治理管控失败案例：富国银行 5300 名员工违规

数字时代技术会带来持续程序改变，并要求相关政策始终保持警惕。[34] 引入数字时代系统对于组织而言，是培养变革能力的契机，因为其要求员工就自身工作方式进行行为变更。对于整个组织的变革管理和治理架构，对政策、规程及知识转移活动的改进均是其主要组成要素。组织必须构建相应能力，来运用源自现代化流程的数据，并对组织的使命进行管理。

对于依赖政策和新规程运用的组织变革而言，需要通过监督这些政策和规程是否得到遵从才能确保变革得以实现。这种合规性可通过以下几点实现：首先是培训，尤其是对政策和规程的培训；其次是沟通，包括对政策规程的官方公告；还有就是审计并分析那些根据政策和规程所做的工作所产生的数据。

比如在富国银行（Wells Fargo）的例子中，尽管组织实施的政策不可谓不恰当，但其员工依旧以现有客户名义开立虚假账号，并导致许多人为此被征收多余费用。[35] 富国银行所欠缺的，正是通过审计和其他适当管控方式去监督员工对公司政策规程是否遵从。在这个案例中，员工唯一关注的政策，就是其所得的奖励工资与开立账户数量挂钩。[36] 经理们使尽浑身解数怂恿手下员工达成此类业绩指标，却从不检查一下其到底是怎么达成的。对此，违规员工坦承："当你因为要达成一个困难目标而承受巨大压力，那就会无所不用其极，即使知道这么做是欺诈。"[37] 为了纠正这一问题，银行最后解雇了5300名员工及其 CEO 约翰·施坦普夫（John Stumpf）。[38] 富国银行的例子告诉我们，要让变革管理更为有效，就需要缓解变革时期带来的压力和焦虑感，并通过更有效的治理管控来避免政策被忽视规避。即使这种变革不涉及技术，这些原则也依旧成立；但数字时代的技术因为一个原因而更具破坏性：它们比多数组织已经适应的技术要更为强有力。在数字时代，如果治理不力或忽视合规性，那么变革势必遭遇强力反弹。

### 针对政策规程的培训

许多人并不理解政策和规程之间的区别，也不清楚为何这两者对于数字时代的战略途径至关重要。因此组织可能需要对其员工就治理途径、政策规程手册及其由 CMF、业务负责人及 BPE 监督和实施的情况进行培训。可用在线视频课程的方式帮助员工发展相关能力，以符合政策规程要求的方式进行改变。这些环节应对政策和流程加以区分，并说明政策规程如何改变，又由谁改变。可以将标准操作规程当作培训材料使用，用来解释为达成政策任务所需的每一个业务流程步骤。在培训环节中，也可以让那些以往与治理无缘的群体有机会与 BPE 和业务负责人共事，一同制定规程。

### 沟通

数字时代流程会经历不断修订，还有定期对主系统进行的更新。[39] 因此政策负责人和 BPE 有一项常态化的任务，那就是对已更改的流程进行描述，并确保其与政策无冲突。针对已更改流程和政策进行沟通交流，是帮助员工理解并遵从组织的治理机制的基本方式。但这并非小事，因为技术虽已位于行为改变三角顶端，但对于多数员工和管理者，其仍是一个难以预料的变数。

对于组织政策或规程的重大改变，其领导层应组成统一战线。组织不同部门的高管应共同宣布摒弃旧有政策，接纳新的规程，此举会在整个组织内产生巨大反响。当 Facebook 调整自身政策以保护用户数据时，公司 CEO 首先在自己博客中宣布了这个改变，4 分钟后首席运营官转帖了这个消息并扩大了其传播范围。[40]

组织的政策委员会统一发布政策规程改变，以确保所有员工都能及时收到通知，并能够理解什么发生了改变，又如何改变。所有的规程和政策都应通过统一格式或专用信道来加以宣布。正式的规程公告有助于将政策实施说明文件塑造成得到管理层认可的权威声明。

数字时代技术的采纳已为组织带来了多种更为现代化、更具创新且更有针对性的沟通方式。数字时代本身的特点就使得组织可采取培训课程、弹出式提醒框、视频信息以及从短信系统到官方博客的各种传达方式来达成目的。组织的变革治理领导者可充分利用这些能力告知所有员工其所需了解的新政策和已修订的实施规程。变革管理并不会凭空发生，员工需要了解其具体指标有哪些，否则就会觉得多做多错，少做少错，这不利于技术接受模式的建立。

### 分析数据和审计行为

合规性的最后一个环节就是根据政策规程，对所执行工作的数据进行分析。政策委员会应对那些关于组织员工如何用组织所接纳技术进行工作的相关数据加以收集和检查。数字时代技术所产生的数据流在此便有了用武之地。

从这些数据流中所获信息可显示哪些员工在使用什么流程，又取得了何种效果。某个联合国组织已采用一套基于云计算的ERP，这就需要废除旧的规程，并建立基于新 ERP 的新流程。对ERP 的数据流加以深入发掘，可了解员工是否已对原先工作方式作出相应改变，以及是否已开始使用新的规程。这些分析的结果可为相应培训计划提供参考，后者所针对的是那些因改变而处境最为艰难的特定员工群体。

另一种检验员工对数字时代体系接纳与适应程度的方式是审计。审计者会对组织政策和规程的合规情况进行检查，并给出独立担保，证实该组织的风险管理、治理及内部控制流程正在正常运行。[41] 这些检查旨在帮助组织获得成功，确保组织流程恰当，且运用得法。[42]

不管组织是大是小，是公是私，是立足一国还是跨国发展，政府监管者和捐赠人都会要求对其进行审计。所有利益相关方都急于了解一个组织是否能在数字时代取得成功，其政策规程是否真能主导员工的行为。即使是小规模非营利组织，如"非洲母亲健康倡议"，[43] 一个致力于降低全球最弱势母婴群体死亡率，年善款额仅 10 万美元的慈善机构，也被要求每年必须就其检举政策、文件保存及利益冲突控制等进行汇报。[44] 对组织的审核若顺利，则表明其治理管控符合自身使命，且已迈入数字时代的正轨。

## 强有力的治理战术要具备怎样的特质？

面向数字时代的治理复兴，意味着找出哪些流程会因技术而改变，并将这些流程与体现组织使命的政策相关联。如果没有涵盖技术使用和数据分析的全面治理方案，组织就无法真正驾驭影响自身的技术力量。

守旧的管理者会试图根据自己的需求对系统进行定制，而不是去适应数字时代的流程。对数字时代的治理呼唤着新的角色和权威，来实施、解释并引领变革。如果运用得法，政策和规程的层级体系也能确保组织根据自身政策对技术进行公开透明的治理，并避免数字时代与技术接受两者主次颠倒的情况。组织通过良好的治理，便能迈入变革良性循环并将局面保持下去。我们可以将相关革新编入到政策规程手册中，以避免顽固的技术定制分子坚持使用那些并不符合组织技术接受需求的流程。

最后一点，成功的转型和现代化能否实现，取决于组织是否有能力说服其员工使用组织的政策规程，而不是让管理者各自为政，乃至自行其是，在关于技术接受是否真是可行策略这一问题上尤其如此。培养变革能力，并就政策规程进行沟通是建立合规性的应有之义，其可强化组织整体治理，实现所希望的行为改变，从而让技术接纳与适应水平百尺竿头更进一步。[45]

数字时代技术不断演变的特性促使组织成为流程的接受者。但是，这些流程本身不过是为达目的而实施的手段，而作为目的的政策才是组织存在的意义所在，不管其是否以书面形式记录，是否有正式商业案例支撑。幸运的是，这些政策仍在组织的完全掌控之下。一个强有力的"治理"战术能确保组织不忘其使命初心，并准备好面对数字时代的挑战。一旦这一战术完成，数字时代变革领导者就可与变革倡导者联合起来，一起提倡变革。而这正是我们下一个战术的内容。

## 注释

1. Hsu, T., & Kang, C., "Demands grow for Facebook to explain its privacy policies", March 26. 2018, 见 https://www.nytimes.com/2018/03/26/technology/ftc-facebook-investigation-cam- bridge-analytica.html。

2. Rosenberg, M., Confessore, N., & Cadwalladr, C., "How trump consultants exploited the Facebook data of millions", March 17, 2018, 见 https://www.

nytimes.com/2018/03/17/us/politics/cambridge-analytica-trump-campaign.html。

3. United Nations System Staff College，"A cloud-based ERP renovates work practices and changes behvior at PAHO"，Case Study Series, pp. 1-15, 见 http://www.unssc.org/sites/unssc.org/files/mini_ casestudy_unssc_02_fin.pdf。

4. 本战术不对企业治理加以检验，即上市公司董事会及股东责任的要求，如 2002 年《萨班斯 - 奥克斯利法案》（116 Stat. 745）或 2008 年《模范商业公司法》中所述。

5. Vantrappen, H., & Wirtz, F.，"When to decentralize decision making, and when not to"，December 26, 2017， 见 https://hbr.org/2017/12/when-to-decen-tralize-decision-making-and-when-not-to。

6. Dunleavy, P. et al.，*Digital era governance*，2006，p. 83.

7. United Nations System Staff College，"A cloud-based ERP renovates work practices and changes behavior at PAHO"，Case Study Series, pp. 1-15, 见 http://www.unssc.org/sites/unssc.org/files/mini_ case_study_unssc_02_fin.pdf。

8. Wakabayashi, D., & Shane, S.，"Google will not renew pentagon contract that upset employees"，June 01, 2018, 见 https:// www.nytimes.com/2018/06/01/technology/google-pentagon-project-maven.html。

9. Heath, A.，"Facebook has a new mission statement:'to bring the world closer together'"，June 22, 2017， 见 http://www.businessinsi- der.com/new-facebook-mission-statement-2017-6。

10. "Facebook and the meaning of share ownershp"，September 30, 2017, 见 https://www.economist.com/business/2017/09/30/facebook-and-the-meaning-of-share-ownership。

11. Wagner, K.，"Mark Zuckerberg says he's'fundamentally uncomfort-able' making content decisions for Facebook"，March 22, 2018， 见 https ://www.recode.net/2018/3/22/17150772/mark-zuckerberg-face-book-content-policy-guidelines-hate-free-speech。

12. Schneider, N.，"Mark Zuckerberg: Give up Facebook control"，March

28, 2018，见 https ://www.corpgov.net/2018/031 mark-zuckerberg-give-up-face-book-control/。

13. 同上。

14. United Nations system staff college, delivering successful change with enterprise resource planning (ERP) systems, Case Study Series (1/2017), p.11 (describing ERP adoption at UNDP).

15. Stollman, J., "Disruption: The new frontier for governance and risk professionals", March 23, 2017, 见 https://www.governancein-stitute.com.au/news-media/blog/2017/mar/disruption-the-new-frontier-for-gover-nance-and-risk-professionals/。

16. Wong, J. C., "Mark Zuckerberg apologises for Facebook's 'mistakes' over Cambridge Analytica", March 22, 2018, 见 https://www.theguardian.com/technology/2018/mar/21/mark-zuckerberg-response-facebook-cambridge-analyt-ica。

17. Rosenberg, M., Confessore, N., & Cadwalladr, C., "How trump con-sultants exploited the Facebook data of millions", March 17, 2018, 见 https://www.nytimes.com/2018/03/17/us/politics/cambridge-analytica-trump-campaign.html。

18. Wong, J. C., "Mark Zuckerberg apologises for Facebook's 'mistakes' over Cambridge Analytica", March 22, 2018, 见 https://www.theguardian.com/technology/2018/mar/21/mark-zuckerberg-response-facebook-cambridge-analyt-ica。

19. Kim, K., Jung, S., Hwang, J., & Hong, A., "A dynamic framework for analyzing technology standardisation using network analysis and game theory", *Technology Analysis & Strategic Management*, 2017,30(5), 540-555. doi:10.1080/09537325.2017.1340639.

20. Günther, W. A., Mehrizi, M. H., Huysman, M., & Feldberg, F., "De-bating big data: A literature review on realizing value from big data", *The*

*Journal of Strategic Information Systems*，2017，26(3)，191 -209. doi:i0.1016/j. jsis.2017.07.003。

21. Davies, H.，"Ted Cruz campaign using firm that harvested data on millions of unwitting Facebook users"，December 11, 2015，见 https://www. theguardian.com/us-news/201 5/dec/11/senator-ted-cruz-president-campaign-facebook-user-data。

22. 参见 Zuckerberg 在 2018 年 3 月 21 日的 Facebook 贴文。

23. Mark Zuckerberg. Facebook post at 12:36 pm, Mar 21, 2018 as reposted by Sheryl Sandberg, Facebook at 12:40 pm, Mar 21, 2018，见 https://www.facebook.com/sheryl/posts/10160055807270177。

24. Hern, A.，"Uber investigates top executive after journalist's privacy was breached"，November 19, 2014，见 https://www.theguardian.com/technology/2014/nov/19/uber-investigates-top-executive-after-journalists-privacy-was-breached。

25. "Uber crunches user data to determine where the most 'one-night stands' come from"，November 18, 2014，见 https://sanfrancisco.cbslocal.com/2014/11/18/uber-crunches-user-data-to-determine-where-the-most-one-night-stands-come-from/。

26. Hern, A.，"Uber investigates top executive after journalist's privacy was breached"，November 19, 2014，见 https://www.theguardian.com/technology/2014/nov/1 9/u ber-investigates-top-executive-after-journalists-privacy-was-breached。

27.《通用数据保护条例》（GDPR）欧盟规范 2016/679 在 2018 年 5 月 25 日生效，其加强了欧盟公民对自己线上数据的掌控权利，并要求处理欧盟公民数据的公司修改其组织的数据保护政策。大多数数字时代技术制造者，包括部分技术接受者和定制者，都会在商业运作过程中收集欧盟公民的个人数据；因此，GDPR 迫使数字时代商业参与方作出政策改变，而无论其所在地区。更多信息详见欧洲委员会关于欧盟数据保护的网站，引自

https://ec.europa.eu/info/law/ law-topic/data-protection/data-protection-eu_en。

28. Günther, W. A., Mehrizi, M. H., Huysman, M., & Feldberg, F., "Debating big data: A literature review on realizing value from big data", *The Journal of Strategic Information Systems*, 2017, 26(3), 191-209. doi:10. 1016/j. jsis.2017.07.003.

29. 同上。

30. United Nations System Staff College, "A cloud-based ERP renovates work practices and changes behavior at PAHO", Case Study Series, pp. 1-15, 见 http://www.unssc.org/sites/unssc.org/files/mini_ case_study_unssc_02_fin.pdf。

31. "The Twitter rules" (n.d.), 见 https://help.twitter.com/en/rules-and-policies/twitter-rules。

32. Blake, M., "On disability, Twitter is better late than never", April 13, 2018, 见 https ://www.cnn.com/2018/04/13/opinions/twitter-changes-terms-on-disability-blake-opinion/index.html。

33. Herger, M., "What is a business process expert, really?" June 4, 2006, 见 https://blogs.sap.com/200 6/06/04/what-is-a-business-process-expert-really/。

34. United Nations System Staff College, "A cloud-based ERP renovates work practices and changes bebavior at PAHO", Case Study Series, pp. 1-15, 见 http://www.unssc.org/sites/unssc.org/files/mini_ casestudy_unssc_02_fin.pdf。

35. Pastin, M., "The surprise ethics lesson of Wells Fargo", January 21, 2018, 见 https://www.huffingtonpost.com/mark-pastin/the-suprise-ethics-lesson_ b_14041918.html。

36. 同上。

37. Nocera, J., "Wells Fargo has shown us its contemptible values", May 18, 2018, 见 https://www.bloomberg.com/view/articles/2018-05-18/wells-fargo-has-shown-its-customers-its-true-values-joe- nocera。

38. Pastin, M., "The surprise ethics lesson of Wells Fargo", January 21, 2018, 见 https://www.huffingtonpost.com/mark-pastin/the-suprise-ethics-lesson_

b_14041918.html。

39. United Nations System Staff College，"A cloud-based ERP renovates work practices and changes behavior at PAHO"，Case Study Series, pp. 1-15，见 http://www.unssc.org/sites/unssc.org/files/mini_ casestudy_unssc_02_fin.pdf。

40. Sandberg, S.，"Facebook post at 12:40 pm"，March 21, 2018，见 https://www.facebook.com/sheryl/posts/10160055807270177。

41. "What is internal audit?" (n.d.)，见 https://www.iia.org.uk/about-us/what-is-internal-audit/。

42. 同上。

43. "African mother's health initiative"，见 http://www.afri-canmothers.org/。

44. 参见非洲母亲健康倡议慈善机构的税务及财务文件 (n.d.)，见 https://www.guidestar.org/profile/ 26-0423197。

45. 围绕运营模式的组织治理决策建立了组织决策汇报架构，职责分配，以确保问责制和权威、政策基础、步骤、沟通与技术，以及组织文化和员工绩效原则。示例参见：Deloitte Development LLC，"Developing an effective governance operating model: A guide for financial services boards and management teams - Illustrative governance operating model (2013)"，见 https://www2.deloitte.com/content/dam/Deloitte/global/Documents/Financial-Services/dttl-fsi-US-FSI-Developinganeffectivegovernance-031913.pdf。

第 7 章

**战术三：投身于倡导并拥护变革**

**主旨**: 在组织的各个层级倡导、授权和拥护变革。

在采用 ERP 的过程中，前文所述的两个联合国机构的官员们为我们展示了对技术驱动型变革加以倡导的具体手段，这些变革对组织实现现代化可谓至关重要。机构主管先撰写了一份针对组织变革的基本阐述[1]或训令[2]，并将其向所有员工公示。这些文件概括了为何组织要实施 ERP，并详细解释了为何要求员工学习新的工作方式，承担新的职责。这些训令要求高管团队完全同意技术接受的目标。这种联合展示的方式对员工而言是强有力的可见信号，表明整个行政团队都对技术接纳及其所要求的变革抱支持态度。

这些机构也开始进行培训，并在每个部门和国家办公室内设立了一类新型的变革推动者职能。除了作为信息传递者发挥作用，这些变革推动者也成了运用新 ERP 系统最为娴熟的高手，以及这一系统的拥护者。这些拥护者不仅可促进他们自己影响范围内的改变，还构成了 ERP 开始运行期间的第一级支持网络。[3]

数字时代变革并不能仅依靠组织的上层领导者发起。发起倡导者必须在组织的各个层级扶植并培养变革领导者，并与他们共同孕育如何转变工作行为及流程的新想法。[4]技术接受者不管身处组织的哪个层级，都必须时刻准备着扮演作为数字时代变革拥护者的角色。在战术三"投身于倡导并拥护变革"中，我们所探讨的正是变革倡导的发起、对变革方向的明确训令以及在组织各个层级对变革的拥护这三者所产生的合力。

## 技术变革要成功，必须三力合一

高层领导者以实际行动积极参与到变革管理中，一直以来都被认为是变革管理成功与否的最重要推动因素。[5] 所谓"倡导"，就是指领导者以开放的胸襟对待变革，并针对为何需要变革的问题与员工进行深入沟通。有力的倡导者可通过富有影响力的沟通及其所带来的积极成效来将变革的实施合法化。[6] 当倡导者承担起变革义务，他就会以身作则，在众人面前树立变革榜样，同时在幕后为变革旅程保驾护航。[7] 对数字时代变革的倡导战术，也包含了围绕变革训令的明确沟通，这反过来又对组织所设想的转型产生了明确联系。这一训令要澄清的不仅是为何要改变，又会改变什么之类的问题，而且还需要为变革指明一个方向，也就是朝向接纳—适应策略矩阵的第一象限——技术接受。

尽管"倡导对变革必不可少"这一观念已成为普遍共识，但多数公司在实施组织变革方面的成绩却只能用惨不忍睹来形容。[8] 而且这些组织大多在相关变革项目上称得上靡不有初，鲜克有终。[9] 在数字时代，实现对技术的接纳和适应所需要的绝不仅是来自上层的倡导。

拥护者在组织融入数字时代的过程中发挥着革新性作用。以往的变革所需角色阵容通常包括倡导者、推动者和声援者。[10] 并不是每个人都能成为倡导的发起人，但作为技术接受者，无论你身在组织何处，也无论你是否是推动者和声援者，都有机会成为拥护者。拥护者是超级推动者，是终极声援者。[11] 他们个人对技术接受高度认同，从这一趋势中发现了对组织和自己可带来的益处，并愿意为此承担风险。拥护者通常还能提醒倡导者，为什么需要进行连续的变革。最后一点，拥护者还从游说和社会营销等活动中获得灵感，并将其技巧应用到了变革管理中。

　　通过构建拥护者组成的骨干架构，就可以形成一个广泛的分散式变革领导力虚拟社会网络。[12] 这种方式可以为位于组织不同层级和地点的广大员工群体赋予变革领导力。对拥护者群体的构建过程，可借助那些数字时代主流社交媒体技术所普及的全新参与形式。而书面训令的存在则可确保为拥护者建立共享的信息平台，进一步推动组织的战略愿景和训令落实。

## 谁来做倡导者？

　　技术接受的倡导者会公开对持续变革、适应新工作方式等理念表示认可。在数字时代，领导者必须大力倡导对那些最有利于价值创造的技术的接纳。倡导者的作用，是确保人员与流程互相匹配，且两者均应技术需求而变。

　　一个富有成效的倡导者的另一个特点，是他愿意在变革项目的进程中维持自己的领导力和参与度。[13] 既然数字时代的变革永无止境，那倡导者的角色也不会谢幕离场。发起倡导并不是某个执行高管任务列表上的追加项。相反，数字时代技术变革倡导者的角色应融入到其日常工作之中。如果组织的领导者尚未意识到自己已经在这份永久性的工作合同上签字画押，并愿意一以贯之地付诸执行，那么他可能就无法有效履行自己身为倡导者的职责。

随着组织所采用的数字时代技术日益复杂化，身为倡导者，可能会在理解这些技术运作原理及其可能造成的组织行为改变程度方面遭遇困难。这种挑战其实也是如今这个快速变动的信息时代的常态：我们刚掌握 Facebook，马上就跑去 Instagram 图新鲜；等这个玩熟了，别人又用上了 Snapchat；而不等我们下载好这个 APP，其他人又涌向 KiK 了。技术发展和实现的速度简直就快赶上光速了。

数字时代的倡导者所面临的困境也是他们自身特性所带来的。要成为一个合格的倡导者，需要相当长的时间来获得领导能力和所需权威性。财富 500 强 CEO 的平均年龄为 58 岁，他们面对的是最新的技术浪潮，但自己却有些英雄迟暮，不再年轻了。[14] 股神沃伦·巴菲特（Warren Buffett）如今已 85 岁高龄，其便以不了解行业背后的科技，所以不投资科技业而闻名。[15] 直到最近，当 iPhone 已从其巅峰滑落，而台式机也已不再是主流时，巴菲特才开始投资 Apple 和 IBM 的股票。但与多数巴菲特的投资不同的是，这些股票已经掉价了。[16] 所以说，某个组织的实习生可能对最新技术轻车熟路，可那些衣冠楚楚的高层却未必如此了。

### 改变组织文化

组织文化方面的缺陷是公司在数字时代获取成功的主要阻力。[17]管理者们往往会竭力反抗那些加于己身的数字时代变革，不愿让技术来决定流程和行为。这些管理者会辩称组织的每个体系都应该加以定制化，以符合体系内部所用的话术、语言和操作步骤。倡导者必须与此作坚决斗争。

数字时代的倡导者对于将组织文化从抗拒技术转变为适应技术这一使命负有基本责任。他们纵观全局，了解改变带来的人事影响，以及这种改变会遭遇何种性质的抗拒。倡导者坚信被提上日程的变革代表着组织前进的正确方向，并愿意为此鞠躬尽瘁，投入充分的组织资源以实现这一改变。[18]

倡导者带给其组织的，是对数字时代组织文化的美好愿景，其内涵包括前瞻性、客户中心、数据驱动、灵活应对、冒险精神、以检验结果为基础以及跨职能工作等。[19]技术决策的文化会不断寻求创新，并摒弃不必要的层级，以加快决策速度，打破部门壁垒，改善沟通效率。[20]

### 技术接受者的倡导行为

倡导是一种值得投入的行为，因为若无其相助，组织势必会在数字时代的竞争中败下阵来。倡导者所要面对的，不再是一两个项目，而是连续的适应过程，如此高层倡导者所获得的收益也与以往不同。如果一个领导者不能将其行政资本合理投入到对数字时代的倡导中，就无法在技术接受的竞争中胜出。

对于技术接受型变革领导者而言，有几种倡导行为至为关键：（1）尽可能经常在公开场合发言，承诺将以技术为驱动，促进行为改变；（2）制定方向性的变革训令，将技术接受产生的效果落实到员工；（3）停止对陈旧流程的使用，要求全盘采用新的优秀范例；（4）确保组织内部容得下拥护变革的声音，这可对所有其倡导的变革管理活动带来增幅效应。

### 将技术接受的承诺付诸行动

在数字时代，技术会带来不断的改变。即使是倡导者，也不可能尽知一切改变；他们能做的只是帮助组织预测改变的出现，并在这种持续变化的环境下实现成长。倡导者所要求的是其他人相信数字时代技术将会给组织带来价值，也就是信任机制。

发起倡导的目的是改变人们的思考方式，而不仅是他们的行为。技术接受过程中，以语言改变为行为改变的催化剂。[21] 变革领导者讨论某些事物的方式，也会影响他们思考和行动的方式。倡导者可以解释成为技术接受者意味着什么，也可以就技术接受的理念与其所在组织展开探讨。当某些事被言说，就会有人去相信。而当他们相信，就会去付诸行动。[22]

很多组织认为变革倡导者的沟通方式是一种单向模式，就是作出决策后广而告之："我们已经决定要做什么了。所以现在告诉你们，让你们知道会发生什么。"有些情况下，组织也会用一种虚假的双向沟通模式："我们已经决定要达成什么目标了，现在我们要和你们一同决定该如何实现这个目标。"要靠这两种针对技术倡导的沟通模式来推动员工的行为改变，均有不足；两者均假定倡导者有绝对能力来描述变革的具体情况，还自以为是地认为所有重要的决定均来自组织上层。

身为倡导者，必须时刻大声疾呼变革将至。一次不够，那就两次，两次不够，那就三次。等到倡导者感觉自己讨论技术接受倡议的次数是他认为必要次数的 3 倍时，管理者们才会相信倡导者是真心实意推动变革的。[23]

采用 SaaS ERP 的联合国机构的主管官员就公开宣称其对这一新技术的倡导态度。[24] 她与所有员工进行了 14 次对话，讨论成为技术接受者有何令人激动之处，又会产生什么不满。[25] 这些沟通往往伴随着浓重火药味，当员工被告知机构的工作流程将由这种技术确定，且员工需要学习新技能时更是如此。[26] 不过，身为倡导者，她显然认为即使员工有不满和抱怨，也应该大声说出来并加以探讨，而不是任其发酵恶化。在每一次对话中，这位主管始终坚持声称所有的变化会带来丰厚回报：组织能借此削减成本，达成使命，并在新时代发展壮大。[27]

### 对行为改变给出训令

组织最高层领导者作为变革倡导者的作用之一，就是颁布训令，阐明为何组织每个员工都需要促进变革，具体要做何贡献，又如何去做。在数字时代，一份变革训令主要聚焦于变革方向和技术对员工产生的效应。通过这种训令，倡导者传达了明确信号，即所有组织员工都要改变其工作行为以迎合新技术，而这些技术将使他们变得更为高效有力，从而提升工作条件。

训令会正式告知员工，组织将会通过对某种技术的接纳并适应该技术的要求来指明新的变革方向。在这场变革之中没人可以冷眼旁观，置身事外。若无这种书面的训令，员工就会觉得新技术的采用与否无足轻重，可以视若无睹。

训令将指出，技术已不再隶属于人员和流程，而是自成一格。其将明确技术接受是数字时代的要求，组织也不可能面对这些改变世界的技术力量还保持超脱。训令中会强调，组织将会由采用的新技术来决定新的流程，而不是相反。其还会指导员工去改变自身工作实践，并找到包含新流程，也就是被技术所决定流程的对应工作方式。最后，训令也会对成功的评判标准，以及对员工职责的认定标准加以界定。

变革训令也须为员工指明方向：成为技术接受者是每个员工为贯彻组织使命而必须担负的责任，更重要的，是为避免被"去中介化"而势在必行的举措。如今要想继续做一个技术定制者，就好像是要在现代战场上保持一队骑兵。当然，骑兵也许会在最后的落幕大戏中获胜，就像舍恩菲尔德战役一样，但拘泥过去的一方最终将输掉整场战争。想要在数字时代的战场上克敌制胜，组织中的每个人都需要成为技术接受者。这些数字时代的接受者可以亲自拍板决策，也可以提出建言，即使面对挑战也能维持公司照常运转，不断推动组织去适应新的技术。

**停止使用过时流程，并征求总体最佳范例**

数字时代技术将推动新的业务运行模式，而这些流程对于使用同样技术的所有人都是无差别的。倡导者应避免其组织陷入到对内部界定流程的过度投资中，而是欣然接受新技术所决定的流程。新的工作方式的来临不可避免，而原有方式已成明日黄花。

有一位倡导者为了确保他的团队使用 SharePoint，想出的办法是拒绝回复带附件的邮件（而不是 SharePoint 的链接）。尽管他在会议上说出了自己的打算，但一开始员工仍继续在电脑上创建个人文件，而不是花时间将其贴到 SharePoint 上。通过再三强调单一数据源的重要性，并保持对带附件邮件不理不睬，这名倡导者最终成功转变了每个人的行为，摒弃了陈旧的流程。[28]

身为倡导者，最需要关注的是数字时代技术是如何对那些主导雇主与雇员之间关系以及内外部利益相关者之间关系的流程加以改变的。不过，他们也应不再助长组织对那些始建于 20 世纪七八十年代的陈旧系统的依赖。柯达（Kodak）发明了数码照片却拒绝使用；而如今柯达早已从市场消失无踪。大型银行也可能遭遇与此相同的命运。银行主机系统所基于的编码语言名为"高宝"（COBOL，即面向商业的通用语言），这是一种用途日益萎缩的小众编码。对于非技术接受取向的银行业，确实可称得上是"高宝贵族"了。[29] 令人震惊的是，有 95% 的 ATM 卡机依赖高宝编码；43% 的银行主 IT 系统使用这一语言。[30] 而那些编写高宝语言的"IT 牛仔"如今已纷纷退休。[31] 可以说，过度依赖高宝语言是为何金融技术沦为去中介化对象的根本原因所在。

不幸的是，银行的遭遇并非个例。太多的组织仍相信它们能否在未来获得成功的关键是现有的内部规程和控制体系，面对数字时代的滚滚洪流，它们选择了视而不见。而作为倡导者，就要去发起和引领从内部界定流程到技术接受的转变。

## 谁来做拥护者？

对于数字时代，每位技术接受者都应加以拥护。所谓拥护，不仅要身体力行地支持，还要说服其他人加入这一行列。拥护者凭借自己的个人信誉与声望来影响他人。当人们认为自己所熟识和信任的人相信技术接受的趋势时，他们自己也会去相信。通常，拥护者要比倡导者更可信赖，也更平易近人。拥护者以身体力行的方式展现对技术接受的全心投入，他们是技术接受的楷模。

通过让所在群体的成员感觉自己被倾听，并能够借助自己的行为让组织有所不同，拥护者便可鼓舞这一群体共赴变革之旅。"拥护"这一概念在政治情境中早已有之，主要作为一种影响立法者，提高其对各选区重要问题关注度的手段。[32] 因为拥护者看上去更为亲民，所以组织的普通员工会更愿意和他们打交道，倾吐自己对技术接受的担忧和疑虑。而拥护者可以将这些担忧传达给组织的变革倡导者；而且，由于他们自己也是所接纳技术的使用者，拥护者也可以基于自身经验推荐接受度更高的行为改变方式。

当倡导者认识到拥护者所扮演的不可或缺的角色时，他们便能够驾驭这一有力的盟友。拥护者可以亲临现场，与员工展开互动，这是倡导者无法做到的。他们具备许多倡导者缺乏的移情能力，能够对普通个人员工的想法感同身受。最优秀的拥护者随着自己参与促进变革的经验积累，甚至能跨越组织的界限发挥作用。

### 建立拥护

拥护者必须为人可信，人脉广泛，且熟悉公司情况。[33] 他们被视为意见领袖，因其专业素养和丰富经验而广受尊敬，但未必是掌权者。倡导者应该多花一些时间和精力来找出这些潜在拥护者，帮助他们了解技术接受的需求。[34]

有时候，待人以诚，致人以真，便能逐步培养出拥护者。有一家大型美国能源生产商因为遭遇中层管理者的抗拒而无法实施变革计划。自上而下式的单向沟通未能取得预期效果。绝望之下，公司高管抱着尝试心态与许多中层管理者进行了一对一会话，向他们阐述需要加以变革的商业案例，以及对员工的预期影响。在这一系列会话之后，变革开始发生，因为管理者们转变了立场，开始拥护变革。[35]

另一个例子中，惠而浦（Whirlpool）需要为其革新倡议寻求拥护，对此该公司高层的办法是从不同层级和部门中抽调了一些员工去参观公司位于日本和韩国的竞争对手。惠而浦的领导者盼望这些对竞争对手的第一手观察将会让这些员工信服，认识到规划中的变革不但合理，而且可行。这一计划确实奏效。而这些员工心悦诚服后，就变为了与同事分享自己参观经验与看法的拥护者。惠而浦再以这些拥护者为中心组织同僚讨论组，并将研讨会内容录像，进一步进行训令和动员。[36] 随后这些视频被用于催生更多的变革支持者。

## 星巴克的新语言：语言差异影响思考方式

对于已准备好迎接数字时代变革并愿意为其摇旗呐喊的技术接受者而言，可采取以下 3 种拥护行为：（1）在所有职能部门和地区构建有力人脉网络；（2）将期望的行为树立为模范；（3）在你的影响范围内加强适应行为。

### 在所有职能部门和地区构建有力人脉网络

上述提及的例子中，某个组织通过在每个部门和办公室找出拥护者，成功为其云技术 ERP 系统的实施提供支持。尽管不是每个拥护者都能发挥作用，但他们确实在自己的影响范围内组成了催生变革的强有力骨干架构。[37] 拥护者群体是建立在对技术接受的共同表达、观念和经验之上的。

创造数字时代专属的新词汇可有助于员工去旧迎新，并建立社群意识。在 20 世纪 90 年代中期，我们前往西雅图，在那里发现了一家以绿色美人鱼为店标的新咖啡店（此处指星巴克——译注），一行人随即决定进去尝尝鲜。于是我们进店叫了中杯咖啡，可让人惊讶的是，星巴克居然不提供"中杯"。他们给出的选择有高杯（tall）、大杯（grande）和超大杯（venti）。所以要在星巴克喝咖啡，就要接受这种新的语言。

作为技术接受者，有时候要说一些新话。比如"中杯"可以改成"超大杯"。"电话"和"智能电话"，或是 iPhone 和安卓（Android）之间也要区分清楚。这些语言的差异会影响人们的思考方式。虽然一开始有些难以开口，但长期来看，技术接受者更能和那些理解他们数字时代新语言的人沟通和分享经验，进一步提升生产力，并激发新想法。而围绕这种新的语言和观点，新的群体也会开始形成。

一旦拥护者们围绕其对技术接受相关语言、观念、经验及策略的普遍认同建立起一个社群，就应对其加以维护和强化。"合法边缘参与"理论指出，群体内互相影响的个体数量越多，其所能学到的就越多，而群体在处理其所寻求解决的问题时也会表现更好——不管是技术接纳和适应，还是其他挑战。[38] 数字体系可促进其用户群体内部的互动、协作以及技能/知识交换，让新来者从群体公认的专家所提供的各种意见、支持和资源中获益良多。[39]

### 将期望的行为树立为模范

拥护者会利用那些他们所拥护的，对数字时代技术的接纳行为来进一步巩固自己的群体。所以 Facebook 上的联系人被称为"友邻"并非偶然。通过在 Facebook 上与其他人沟通并分享各种内容与数字体验，可以在那些现实中从未谋面的人们之间建立一种共识。这种关系既非触手可及，也并不是完全虚拟；可以将其视为一种友谊。

国际教育技术协会（ISTE）是一个教师组织，为那些赞同利用技术让所有学生变为真正学习者的教师们提供支持。ISTE 的教师通过学习、会面和互动，成为支持学生获取技术权益的领导者和拥护者。ISTE 鼓励这些教师将所传播理念付诸实践，通过 Twitter Chat、Voxer groups 以及其他技术增强型教学活动来参与彼此互动。[40]

来自爱尔兰和北爱尔兰的研究表明，使用数字时代交互工具建立拥护群体并促成信念和行为改变的方式是卓有成效的。在妇女医疗运动中，其拥护者设计并使用了一个探索性"原网站"，以在利益相关者之中激发讨论。对此的研究发现，数字叙事方式可帮助人们摒除原先的错误观念，并增强现实意识。研究者指出，对现当代技术的前瞻性使用可帮助叙事激发同理心，引起共鸣，并最终进一步扩大参与群体。[41] 而且，这项研究还呼吁技术制定者通过对其技术进行带有目的性的设计以增强能动性来支持这种拥护行为。[42] 此类技术及技术应用可包括社交媒体分享功能，或用于共享的电子邮件、文本和推特模板。[43]

**在你的影响范围内强化适应行为**

拥护者会在组织的所有层级，在他们具有影响力的范围内主导技术接受。如果某个拥护者在公司三层的左边拐角和 5 个同事亲密互动，那是她正示范如何在自己的工作中使用数字时代技术。如果拥护者有机会直接向倡导者表达拥护之意，那就更好。她可以增强倡导者支持现有变革的决心，并加深后者对数字时代技术的了解。

拥护者还会使用游说技巧来为自己获取支持。[44] 如果遇到一个新技术的贬低者，拥护者就会自行判断什么方式最能打动这个人，什么样的价值可用来换取他的支持。本书的一位笔者曾为一个组织工作，该组织当时正推进一个全面质量管理项目。令她无法理解的是，当时有一个颇受尊敬的员工却对这一项目全面抵制，还拉拢其他人一起反对项目。最后有人对她道出了背后的真相：这名特殊员工自己曾写过一本关于全面质量管理的书。于是变革团队就给每个员工买了一本他的著作，并让他主持研讨会。于是一夜之间，此人就从项目的反对者变成了支持者。

拥护者也会尝试为具体的议题或变革寻求普遍支持，需知变革的真正敌人其实是冷漠。[45] 因此，不少拥护声援的方式就是围绕议题引发群情激昂的氛围。当列车缓缓开动，变革开始发生，就会有越来越多的人跳上车，因为他们害怕被落下。拥护者可以利用他们所在的群体及自己熟稔的技巧来增进对技术接受的探讨和认识。[46] 对技术的接纳和适应应该被塑造成一种符合现代潮流的，"大家都在做"的行为模式。

拥护技术接受的最终目的，就是为接纳新技术营造一种支持性的积极氛围，并激发员工实施行为改变的意愿。那些抗拒组织变革管理的怀疑主义者，是拥护者要面对的挑战。他们可没办法只靠谈话就让对方改变想法，就此皈依技术接受。相反，他们必须扩展自身的影响范围，努力接触那些尚未被其他沟通渠道触及的员工。而要改变人们的想法，就必须通过有意义的对话，比如围绕数字时代可能造成的困境，以及其可能带来的机遇展开的对话，不管这种对话是当面还是虚拟的，都会有其作用。

## 丰田的"根回"：关注并尊重变革中的每个人

我们在第 1 章中给出的行为改变三角表明，在数字时代，技术将凌驾于人员与流程之上。技术倡导者为其组织献上的，是一套可以同时影响人员和流程的技术接受策略。技术接受的倡导者明白，要利用数字时代技术，就需要对行为作出改变，如此才能让组织更好地创造价值。因此，身为倡导者，会授命组织内所有员工必须作出改变。但他们也明白，技术接受的实现并不能只靠上层的呼吁；只有得到一种分布式领导力的支持，变革才会发生。当一种变革模式同时融合了倡导者的授命和下层的拥护，才能产生互动效应。

丰田（Toyota）对变革领导力的领悟便不限于倡导者。在丰田的生产体系中，决策流程的第一步被称为"根回"。[47] 这一术语来源于日本园艺，指一种在移植树木前先暴露其树根的特殊技巧。园艺师会对根系的每个部分加以个别关注，以使其准备好接受即将发生的变化。[48] 而在企业的语境中，"根回"的意思是对组织的每个部分展开对话，以设法解决其所忧虑的问题。[49]

丰田明白，来自高管层的训令并不足以让员工从此致力于持续的组织变革。倡导者当然必须行使自身权力，但这还不够。要让变革真正扎根组织，那么组织中的每个人都必须得到尊重，得到倾听，并被积极纳入到变革中。

所以我们将变革推动者和声援者合成了一个新的角色：拥护者。组织需花点时间来找出它们内部的拥护者，并加以培养和授命。一旦组织能够让拥护者们为技术接受效力，他们将向同事证明，拥抱数字时代的技术给他们带来的是一个充满希望，而非恐惧的未来。

## 注释

1. United Nations system staff college, delivering successful change with enterprise resource planning (ERP) systems, Case Study Series (1/ 2017), p.18（描述 UNOPS 对 ERP 的采用）。

2. United Nations System Staff College，"A cloud-based ERP renovates work practices and changes behavior at PAHO"，Case Study Series, pp. 1-15，见 http://www.unssc.org/sites/unssc.org/files/mini_ casestudy_unssc_02_fin.pdf。

3. United Nations system staff college, delivering successful change with enterprise resource planning (ERP) systems, Case Study Series (1/2017), p. 30（描述 PAHO 对 ERP 的采用）。

4. Hopkins, J.，"Millennial managers: A guide for successful management"，July 10, 2017，见 https://www.forbes.com/sites/jamie-hopkins/2017/07/08/millennials -managers-a-guide-for-s uccessful-management/#34ec6a6e2ac3。

5. Creasey, T. (n.d.), "Latest data and key considerations for the CMO", 见 http://blog.prosci.com/Latest-Data-and-Key-Considerations-for-the-CMO。

6. Conner, D., *Managing at the speed of change: How resilient managers succeed and prosper where others fail*, New York, NY: Random House, 2006.

7. 同上。

8. Creasey, T. (n.d.), "Latest data and key considerations for the CMO", 见 http://blog.prosci.com/Latest-Data-and-Key-Considerations-for-the-CMO。

9. Eadicicco, L., Peckham, M., Pullen, J. P., & Fitzpatrick, A., "TIME's 20 most successful technology failures of all time", April 3, 2017, 见 http ://time.com/4704250/most-successful-technology-tech-failures-gadgets-flops-bombs-fails/。

10. Alsher, P., "The CAST of characters for implementing organizational changes", October 29, 2013, 见 https://www.imaworld-wide.com/blog/bid/189157/The-CAST-of-Characters-for-lmplementing-Organizational-Changes。

11. O'Connor, G. C., Corbett, A. C., & Peters, L. S., *Beyond the champion: Institutionalizing innovation through people*, Stanford, CA: Stanford Business Books, an imprint of Stanford University Press, 2018.

12. 同上。

13. Conner, D., *Managing at the speed of change: How resilient managers succeed and prosper where others fail*, New York, NY: Random House, 2006.

14. Cava, M. D., & Jones, C., "For other CEOs, issue is knowing when to bow out", April 22, 2016, 见 https://www.usatoday.com/story/money/business/2016/04/19/older-ceos-issue-knowing-when-bow-out/83114728/。

15. Ng, S., Holm, E., & Ante, S. E., "Buffett bets $10.7 billion in biggest Tech Foray", November 15, 2011, 见 https://www.wsj.com/articles/SB1000142405297020432390457703774207767699O。

16. Cohan, P., "Apple: Warren Buffett's second big bad tech bet", February 15, 2018, 见 https://www.forbes.com/sites/petercohan/2018/02/15/apple-warren-

buffetts-second-big-bad-tech-bet/#77b054e667ff。

17. Goran, J., LaBerge, L., & Srinivasan, R. (n.d.), "Culture for a digital age", 见 https://www.mckinsey.com/business-functions/digital-mckinsey/our-in-sights/culture-for-a-digital-age。

18. Conner, D., *Managing at the speed of change: How resilient managers succeed and prosper where others fail*, New York, NY: Random House, 2006.

19. Rick, T., "Culture change is key in digital transformation", April 30, 2018, 见 https://www.torbenrick.eu/blog/culture/culture-change-is-key-in-digi-tal-transformation。

20. 同上。

21. 同上。

22. Brothers, C., *Language and the pursuit of happiness: A new foundation for designing your life, your relationships - your results*, Naples, FL: New Possibilities Press, 2005.

23. Jackson, H. L., "The bard side of change management", July 13, 2015 见 https://hbr.org/2005/10/the-hard-side-of-change-management。

24. United Nations System Staff College, *Delivering successful change with enterprise resource planning (ERP) systems*, Case Study Series (1/2017), p. 30.

25. 同上。

26. 同上。

27. 同上。

28. "Sink the boats and burn the bridges!" May 23, 2017, 见 http ://www.expressworks.com/sharepoint-adoption/sink-the-boats-and-burn-the-bridges。

29. Irrera, A., "Banks scramble to fix old systems as IT 'cowboys' ride into sunset", April 10, 2017, 见 https://www.reuters.com/article/us-usa-banks-cobol/banks-scramble-to-fix-old-systems-as-it-cowboys- ride-into-sunset-idUSKB-N17C0D8。

30. Reuters Graphics (n.d.), "COBOL blues", 见 http://fingfx.thomson-

reuters.com/gfx/rngs/USA-BANKS-COBOL/010040KH18J/index.html。

31. 同上。

32. Miller, A. P., Lewis, S., & Waites, T., "Essentials of advocacy", May 28, 2018, 见 http://www.onlinej acc.org/content/71/22/2598。

33. Weinstein, P. V., "To close a deal, find a champion", November 5, 2014, 见 https://hbr.org/2014/09/to-close-a-deal-find-a-champion。

34. Valente, T. W., & Pumpuang, P., "Identifying opinion leaders to promote behavior change", *Health Education & Bebavior*, 2006, 34(6), 881-896. doi:10.1177/1090198106297855.

35. Lattuch, F., & Seifert, A., "Insights from change management consulting: Linking the hard and soft side of change with heuristics", *Management of Permanent Change*, 2014, 177-194. doi:10. 1007/978-3-658- 05014-6_10.

36. Armenakis, A. A., Hams, S. G., & Mossholder, K. W., "Creating readiness for organizational change", *Human Relations*, 1993, 46(6), 681-703. doi:10.1177/001872679304600601.

37. United Nations System Staff College, Delivering successful change with enterprise resource planning (ERP) systems, Case Study Series (1/ 2017), p. 32.

38. Michie, L., Balaam, M.. Mccarthy, J., Osadchiy, T., & Momssey, K., "From her story, to our story", *Proceedings of the 2018 CHI Conference on Human Factors in Computing Systems - CHI /8*, 2018, doi:10.1145/3173574.3173931.

39. 同上。

40. Trust, T., "2017 ISTE standards for educators: From teaching with technology to using technology to empower learners", *Journal of Digital Learning in Teacher Education,* 2017, 34(1), 1 -3. doi:10.1080/ 21532974.2017.1398980.

41. Michie, L., Balaam, M., Mccarthy, J., Osadchiy, T., & Momssey, K., "From her story, to our story", *Proceedings of the 2018 CHI Conference on Human Factors in Computing Systems - CHI /8*, 2018,

doi:i0.1145/3173574.3173931.

42. 同上。

43. 同上。

44. Farnel, F., *Lobbying: Strategies and techniques of intervention*, Paris, 1994.

45. "Harnessing the energy of change champions" (n.d.), 见 https://www.clemmergroup.com/articles/harnessing-energy-change-champions。

46. Johansson, A., "FOMO marketing in the age of social media", August 20, 2015, 见 https://www.relevance.com/fomo-marketing-in-the-age-of-social-media/。

47. "Nemawashi - Toyota production system guide", December 9, 2014, 见 http://blog.toyota.co.uk/nemawashi-toyota-production-system。

48. "Defining Nemawashi" (n.d.), 见 http://www.japaninter-cultural.com/en/news/default.aspx ?newsID =234。

49. 同上。

# 第 8 章

## 战术四：培训员工

**主旨**：通过培训，让员工掌握未来必备的技能。

美国电话电报公司（AT&T）为对其 25 万名全体员工进行再培训，共花费了 10 亿美元。[1]公司发现除了承担这一培训重任外，其已"别无选择"，因为数字时代的到来已令其员工原先掌握的技能大多显得过时无用。公司还预测，截至 2020 年，其 75% 的网络将由软件界定架构控制。而这一比率在 2000 年还几乎为 0。[2]新的数字时代前景之下，员工迫切需要掌握云计算、代码编写、数据科学以及其他多项技能。这些领域的发展变化如此之快，以至于组织及其员工如果不接受相应培训，就很难适应其变化。

为迎接这一挑战，AT&T 要求公司及其员工一同投入到提升劳动力水平的活动中。公司为员工提供相应工具来找出其自身技术缺陷，并预测将来的劳动力需求。随后，员工也必须花费自己的时间和金钱来填补这些"技术缺口"。AT&T、优达学城（Udacity）和乔治亚理工学院（Georgia Tech）合力为员工开发了在线课程、认证及学位课程，让后者每周花费 5 到 10 小时用于进修。[3]从 2016 年 1 月到 5 月，参加再培训的员工占到了公司全部技术管理职位的一半，并且在 AT&T 的技术部门，有 47% 的员工获得了提升。[4]

在本战术中，我们要讲述的是如何处理行为改变三角中"人员"这一环节的变革管理需求。为实施技术接受策略，组织应支持其员工去掌握数字时代技能。2017 年联合国系统领导力框架（如今已在整个联合国范围实施）指出，想要将那些高素质的、具有前瞻思维的人才纳入组织，关键因素包括针对组织的数字系统进行全面培训，并提供学习相关数字系统使用的不间断机会。[5] 这会让组织为构建现代组织文化所采取的方式和行为改变更富吸引力。

## 卖比萨的达美乐：我首先是一家快递公司

技术接受要获得成功，对相关技能进行广泛教导培训是必不可少的。不过，也有一些数字时代技术的供应商会声称它们的技术非常直观，不用培训就能让员工欣然接纳。技术制定者常见的销售辞令就是宣传其培训课程可直接在社交媒体上或以视频方式"即需即用"，而无须进行当面培训。[6] 项目组织方的技术宣称则是"无须培训：界面简单易用，无须花时间学习，且极为灵活"。[7]

确实，像使用 Google 这样的主流互联网搜索引擎并不需要培训，但大多数数字时代技术会带来工作实践和理念体系的巨大改变。尽管员工可以自学如何使用具体技术，但他们未必能仅凭自己就彻底改变原先的工作方式，完成从执行任务到管理信息的转变。例如，采用标准 ERP 软件会影响一个组织的工作方式，令其业务流程为之一变。[8] 通过培训，可确保员工在采用相应信息技术时实现了组织期望的行为改变。[9]

　　某项技术可将组织沟通方式从电子邮件转变为话题标签和频道，然而通过对其采用过程的回顾，会发现简单易用的新技术有时候反而会降低效率。如果不经培训，员工就会不知所措，特别是其"缺乏为任务优先排序的经验"或"害怕错过"某些事项的时候，这导致他们花费太多精力应付技术，而不是做好工作。[10]

　　采用零培训反而会让技术接受事倍功半。技术制定者通过其技术的销售话术为组织描绘了一幅无须培训从而节省成本的美好画卷，总是令后者心动不已。但是如果组织听信了这些花言巧语，对自己的员工在数字时代的转型不闻不问，那必将因小失大，很快就会尝到苦果。

　　优利系统（Unisys）就曾因为这一点在全公司换用WindowsXP和Office2003时吃了大亏。这家公司当时只是把新的软件应用随手发给员工，却没舍得花钱培训，结果在事后反而花了更多钱来亡羊补牢。对于如何将给予自己的新技术工具运用到原有工作中，员工需要获得手把手的指导。自那次教训以后，优利对培训的态度变得更为主动积极了。和我们在战术三中构建的变革拥护者这一角色类似，优利也指定了一批"软件早期采用者"来帮助找出问题点，并建立个性化的培训练习。[11]

　　组织还会遭遇的误导是让它们相信员工无须培训，因为数字时代技术具有用户友好型界面。但是具备使用一种技术的能力并不意味着了解如何使用。员工所需要的不仅是对技术本身用法的教导，还有对如何用新的工作方式取代原有的，如何实现流程和人员的互联性，进行数据分析，以及根据数据得出结论进行决策等一系列问题的解决方案。

因此，必须对员工从技术接受的观念及行为两方面加以培训。要让员工自愿改变行为，基础是其理解为何组织必须进行数字时代转型。组织必须对自己实施技术接受策略的决策加以解释。其必须指出如今已是 21 世纪，当务之急是避免被"去中介化"。或者点明其他类似情况的组织已经在使用相同技术了，再不用恐怕就要落于人后。与其他组织的对比也可明确组织自己可能用到哪些特定业务流程、哪些业务会经历转型，又如何定义成功。

要对技术接受方式进行培训并完成转变，往往非一日之功。比如麦当劳要将销售方式变为让顾客用点餐机或智能手机自助点餐，就要对员工进行培训和投入。要对其员工职能重新定位，从点餐转变为送餐到桌。[12] 其他在技术接受转型中获得成功的公司，也一样就如何成为技术接受者这个问题，对员工参与、沟通和培训环节进行了诸多投入。比如美国大型比萨连锁店达美乐（Domino's）现在就将自己定位成一家依仗数字时代技术的快递公司，而不仅是比萨店。[13] 达美乐总部的 800 名员工中，半数从事软件和分析工作，以帮助公司实现其规划的通过无人机和机器人递送比萨的雄心壮志。[14]

要示范技术的运用，并与那些乐于学习者分享相关知识，方法不一而足，从课堂培训到一对一形式均可。通过学习管理系统可轻松监督这些知识传递活动。技术接受型组织必须作出的关键战略决策，就是为员工学习和培训活动拨出充足预算，这方面AT&T是个好榜样。

## 未来的工厂只有两名员工：一个人和一条狗

尽管是技术推动了变革的需求，但对培训的投入仍将人员置于了变革管理的中心地位。组织高管必须对培训大力倡导，CMF也应从中协调。培训的目标是帮助员工获得数字时代所需的知识技能，而不仅仅是学习新任务。

在先前的"治理"战术中，我们曾提醒领导者，其必须确保对所有有需求的受众提供培训，不管是普通员工、中层管理者还是行政层领导。通常情况下，组织会对管理者阐述解释各种变革相关商务案例、政策及规程，但那些销售人员、行政人员、助理和秘书呢？如果不能以一种彼此调和的方式向组织内所有有需求的员工提供培训，就可能在对组织规范、所采用技术以及运用流程的教导中出现瑕疵。

对培训加以投入时，组织应优先聚焦于那些有助于技术接受者在面临数字时代错位时树立信心的技能。行之有效的培训可以改变人们的观念体系和习惯，赋予他们更多奇思妙想，并修正关于技术接纳和适应的误解。在战术四中，我们会教导员工对数字时代他们必须了解哪些，又如何真正接纳并赞同这个时代。

### 解释变革原因

要成为技术接受者，需要付出巨大的变革管理努力，而人员作为行为改变三角中的一环，须加以特别关注和对待。员工们需要知道，组织为何要适应数字时代，又会有什么结果。只有他们理解并接受了变革原因，才会愿意参与其中，学习新知，并积极拥护变革到来。"需要让员工了解变革亟待展开，并告诉他们为何需要作出改变。"[15]

正如我们在战术三中所述，要让员工学习新技术并最终催生其行为改变，来自高层的倡导至关重要。然而不幸的是，仍时常有倡导者未能就为何要求员工改变这一问题进行有效沟通。笔者曾与某个政府机构合作，其问题就是未能针对变革发起强有力的倡导。该机构只是简单号召员工行动起来，然后就把这些公务员扔到培训课上完事，后者无论是心理上还是感情上都还没准备好学习新的工作方式。大约一个小时后，培训师哭着跑了出来。因为他们没法回答员工的此类质问："为什么我们要用不同的方式工作？"培训能够回答的是"如何"去做；但"为何"的问题却应该由倡导者在变革展开前就作出回答，并且在回答时他应该表现出对将变革引入良性循环的坚定信心。

组织也可借助内部培训向员工解释其如何参与到技术接受治理活动，包括对政策规程的革新之中。培训提供了一个机会，让员工得以区分政策和流程，讨论哪些规程可以通过技术接受实现进步，并找出为提升价值创造需要加以改变的行为。治理相关的培训也有助于说明政策规程如何改变，由谁改变，并将此类说明成文归档。

## 与组织使命相联系

变革管理及其培训需要成为与组织使命相匹配的整体策略的一部分。在战术一中，我们提到了 CMF 如何针对变革制定具体商业案例。这一案例将包含持续的、范围波及全组织的对技术接纳与适应的过渡，而 CMF 会确保这一过渡阶段包含变革管理干预措施及相关培训。但是，如果员工并不明白自己的工作对公司贯彻使命到底有何意义，那么不管对其进行多少培训，他都不会就此接受截然不同的工作方式。不能想当然地以为技术接受和组织使命之间的关系可以不证自明。

为挽回主动权，AT&T 要求延续变革管理，以满足其利益相关者对该公司"成为通信、媒体娱乐与技术领域的全球领军者"这一使命的期望。[16] 而要维持全球领军者的地位，其作为一家公司就必须主动接纳和适应那些已被其他领军公司所采用的技术。至于 AT&T 的员工，就必须通过钻研业界一流技能，并增进对数字时代的领悟，来为组织达成使命贡献自己一份心力。不管是公司还是其员工，都切不可沉溺于过去的辉煌，需知在如今的信息时代，以往的成功其实不值一提。他们也决不能继续依赖以往忽视技术或是试图定制技术的过时策略，因为如今无论是技术修补还是技术定制都将注定与全球领军地位无缘。

### 建立全新理念体系

有时，领导者会花费数月乃至数年时间，以在心理上和情感上对自己期待的重大组织变革进程加以定型。但当最后决定选择以技术接受为策略时，这些领导者可能反而对自己个人所花的准备时间轻描淡写。由于多数组织不怎么愿意组织小组讨论或是问题研讨班，对于员工而言，能够探讨对变革心理准备度的主要且不可或缺的公共场合就是在培训时了。

在重大变革的情境下，培训并不仅止于教授新技能或程序。培训通常是领导者和员工个人第一次被告知要作出多少改变的时候。对于技术接受者而言，多数数字时代技术都是会对自身工作实践造成影响的大变革。终端用户界面可能直观易学，但人们并不会就此立马改变自己的行事方式。Facebook 的用户不会自动投入 Instagram 的怀抱；即使现在智能手机的拍摄质量更好，很多人也还是会保留数码相机；有的人甚至还会招手打车而不是用优步叫车。每个人都需要适应，而最初的培训课程正是让技术接受作为新的理念体系得到充分理解领会的关键时刻。

精明的领导者会将培训课视为一个去了解员工，与他们沟通，认识到他们的困惑，并邀请他们与自己共创未来的绝佳机会。通过培训，也可以依照行为改变三角中已规划的具体变革，来界定和规范组织所期望的行为。在培训中，应对"什么会发生改变""改变在哪里发生"以及"为谁而变"等问题一一给出解答。

工作的改变会带来恐惧，因为员工会念及可能失去的东西：

失去地位、失去专业知识、失去控制以及失去工作。技术越是新颖，其波及范围越广，员工就越是害怕被解雇。因为据说，未来的工厂只有两名员工：一个人，还有一条狗。人的工作是喂狗；狗的工作则是让人不要碰设备。[17]

不管对员工给予何种宽慰承诺，这种恐惧感仍然会激发其本能的应激反应：战逃反应。[18]被这种恐惧感俘获的员工是无法去探索新技术的，占据他们脑海的念头就是想办法隐藏自己的想法，或者干脆一走了之。或者，他们依旧在技术修补或定制的老路上越陷越深，无法自拔，而不是对技术接受欣然采纳。

而培训可以通过降低员工感觉到的不确定性，并为其建立信心，来应对这种莫名恐惧。倡导者可利用培训课程缓和恐惧感，让员工不再隐藏内心真实想法，并鼓励他们坚持改变。他可以将员工的注意力吸引到那些可通过新技能获取而实现的潜在价值之上。

### 养成新的习惯

根据伦敦大学学院健康心理学研究院的研究员菲利帕·拉利（Phillippa Lally）的说法，新的行为要成为习惯，平均需要超过2个月的时间。[19]有些人更是需要长达8个月以上的时间来养成习惯。如果你以为光靠一天的培训课就能让员工的工作习惯为之一变，那可真是过于天真了。即使你给了他们足够的激励也绝无可能。要全面接受新技术，通常需要经历一个理念和思维模式的转变。人类有能力对大脑中的内容进行重构，但要做到这一点，可不仅仅是听听倡议者的报告那么简单。养成习惯需要反复实践。
"某件事被重复的次数越多，那么大脑中被改变和建立的联系就
越多，并逐步涵盖所有经验要素（知觉信息、运行方式、认知
模式）。"[20]

成功的技术接受型组织，会为那些培训参与者提供足够机
会，让他们在新工作环境中学以致用。内部专家可帮助建立恰当
的情境，并对工作方式的相关问题加以答疑。这种现场实践可将
培训直接导入针对个人工作角色和新技能的能力构建过程。[21] 员
工可在不同场合，与来自其他组织的员工共同参与培训，以学习
最新技术。公司需要时刻了解那些可能有助于提升工作效率的数
字技术的最新进展，并不断问自己："如果我们采用了这项技术
会怎样？"

即使对那些已经被组织接纳并成为技术接受策略一部分的技
术，也要对员工进行持续培训。须由外部专家和内部主题专员向
员工演示"如何应用这一技术"。不间断的内部培训课程可帮助
员工在维持其工作对组织使命贡献的同时，理解个人角色和任务
发生的改变。

当员工明白组织为何要向技术接受方向转型，他们也就会开
始明确理解自己在将来如何进行工作。从而更快建立起新的习
惯。培训的经历越直观有形，员工的心理动力就越充足，他也越
能发现机遇而不仅是危险。在这方面，变革管理可以理解为一种
帮助新习惯养成以支持技术接受的实践活动。

### 传达全新的技能理念

作为变革管理的一部分，我们还须向管理者和员工明确传达属于技术接受的理念。这可避免组织继续对技术修修补补，或者企图继续定制技术，甚至还在对前路犹豫不决，坐以待毙。

2016 年的美国影片《降临（Arrival）》中，有一个语言学家在解码了外星人的对话后获得了一种全新的时间概念，这一情节正是基于所谓的"沃尔夫假设"，即认为语言可以影响思维。[22]因此，通过学习技术制定者的语言，技术接受者也能够以不同方式思考。这一认知转变并不是一蹴而就的，但是学习者一旦把握了特定技术背后的整体理念结构，比如为什么技术制定不切实际，技术修补无利可图，而技术定制成本过高，那么他就可能有所顿悟。要做到这一点，需要不断重复实践和学习经验，不仅塑造新的习惯，而且通过传达全新技能理念来对习惯加以强化。

当四个拥有全球级使命和终端用户规模的联合国机构采用新ERP 系统时，它们将强化使用者培训视为变革管理过程中"极为重要"的部分。[23]这些机构发现，有些培训要比其他的更为紧迫。比起用具体方式教导员工系统运用，对倡导者而言更迫在眉睫的是解释为什么选择了这些新系统，以及如何让 ERP 系统的内在理念获得认可。[24]比如国际原子能机构（IAEA）就专门花了不少工夫帮助其员工了解通用数据分析概念及数据结构。[25]使用数据流进行管理是从赋能时代到数字时代所发生的根本改变，其表明了对于数字时代技术的接纳和适应，新的技能理念是何等重要。

## 数字时代职场必备素养: 学习、学习、学习!

许多人就像 AT&T 的员工一样,成长于一个生活被分割为三个前后相继阶段的时代,这三个阶段分别是学习、工作、退休。[26]传统模式下,人们在二十几岁前专注于学习,随后找到一份工作,才能施展其所学。而今天,很多人所做的工作在他们尚在学校时甚至还不存在。因此,他们在学校所学的技能可能与其工作完全脱节。为了与时俱进,从普通员工到公司高管都需要致力于终身学习。[27]如果不能秉持活到老、学到老的精神,那么无论是员工还是组织都不可能成功迈入数字时代。[28]

公司高管需要借助数字时代技术来了解如何获取、解读和利用信息。在执行分析和决策等管理任务时,这些技能必不可少。以下是我们给出的,对数字化素养进行评估的一些合理度量:

图像直观读写素养:对数字的视觉呈现加以判读解译的能力。

复现素养:以创造性方式对现有材料加以重新使用的能力。

发散性素养:超媒体非线性思维方式。

信息素养:以怀疑态度评估信息。

社会情绪素养:愿意与其他人分享数字和知识,能够进行信息评估和抽象思考,并能够协同进行知识构建。[29]

在这五种数字时代必备素养之中,最为重要的是社会情绪,也就是具有学习的意愿。在我们有过合作的多数组织中,领导者和管理者尤其缺乏学习新事物的意愿。很多管理者会参加自己所在领域的继续教育,但是他们通常不想被当成某个新领域的新手。作为管理者，其条件反射式的态度是最好不要去做什么尝试，尤其是技术相关的，以免在同事下属面前出丑。

## 对数字时代的技能倾力投入

为了鼓励其他人学习新技术，领导者和管理者需要以身作则，展示他们学习技术的意愿。一个了解数字时代技术的管理者，才能够以富有生产性的方式将此技术运用于其工作，体认到此技术何时能帮助目标达成，何时又会产生阻碍，并且努力不断适应技术的改变和进步，如此方可称为"对信息技术游刃有余"（Fluent with Information Technology，FIT，亦有适应之含义）。[30] 这种适应性所要求的是对技术的更全面掌握，包括信息处理、沟通和问题解决各种能力，而不是单纯的"使用电脑能力"。[31]

领导者在帮助员工建立符合技术接受理念的 FIT 技能时所面临的挑战之一是，学习数字技术通常依赖那些已经掌握了一套技能，并致力于教学设计的技术人员。企业领导者很少会自愿学习接线、编码或是网络协议之类技能，就好像你不能要求新手司机去参加机修班。相反，对于领导者和管理者，更有帮助的是学习如何安全驾驶，如何从 A 点开到 B 点，而不是如何整修引擎。

但是，特斯拉这样的车一般不会配司机，要驾驶它就必须学会使用复杂的仪表盘。同样，数字时代的繁多功能也要求使用者掌握基本的技术知识。正如 AT&T 所意识到的，组织必须教导员工，让后者掌握如何获取、解读和使用那些基于云计算的，持续改变的技术所带来的信息。其必须花费精力去解释新的数据流、新的审批流程、新的分析和报告数据方式，以及新的决策途径。

作为美国历史最悠久、规模最大的医疗人事企业之一，CHG 医疗保健服务以其企业培训课程而广受好评。[32] 技术培训一开始只是作为一种专业向小众课，可如今已成为企业培训不可或缺的基本构成要素。CHG 通过技术培训帮助员工学习其工作所要求的技术要件，包括诸如微软 Excel 以及公司特定应用软件等企业标准软件。

只有当员工通过培训了解如何提炼和分析数据，如何用有意义的方式呈现结果分析以帮助决策，他们才会成为技术接受者。数据流是极其难以概念化的。员工需要有机会与那些对他们有意义的数据信息进行互动。这就是说，我们所建立的培训数据应是可操作的，这样员工才能了解改变会对其造成何种影响。通过展示新的角色及其认同，或者通过角色扮演或亲身体验，可以让原先员工感觉缺乏掌控的部分有所改善。[33]

总的来说，对数字时代技能的投入就是要借助数字驱动，实现更快的决策，实现从技术接受者到批判思想者的转变。技术接受变革管理，就是基于对事实的客观分析，促进批判性的，可获利的思考，并最终形成判断。[34]

为了让员工建立对现代技术知识的基本认识，联合国发展署（UNDP）制定了一套国际计算机驾照方案。[35] 其可作为包括商业流程、变革管理、电子归档以及企业资源规划在内的一系列额外培训课程的基础。对 70% 的参与者而言，这是他们首次在 UNDP 参加管理培训。[36] 像 UNDP 这样的成人学习类型课程，其特点是自我定位，充分利用知识和生活经验，目标和关联导向，突出实用性，并鼓励合作，如此才能行之有效。[37]

成功的培训会运用多种不同技术，通过一系列方式，来触及那些需要培训的员工。AT&T 为其员工提供时间长短不一的课程，还有专业学位规划。不过，不管培训材料如何精彩，教导如何下功夫，任何新技术的第一次培训体验必定会令人不知所措。参与者会感觉自己被大量新概念、术语和任务所淹没。要降低这种最初的心理冲击力度，一个办法是在课堂情境中由组织内部专家担任教师。如果员工听到的是他们认识并尊敬之人的话语，他们会更倾向于相信技术接受者模式可以在自己的工作环境下实现。

培训也可通过非正式方式进行，比如阅读小组和学习圈子。在这些情况下，一群人一同就组织相关的著作和文章进行讨论。这类集会通常在工作时间以外举办，如午餐时。

组织应提供相应材料来支持培训。编集新词汇的综合词典可能会有所帮助。尽管公司可能永远无法建立所有老术语和新术语之间的一对一关系，但这种词典仍可为旧语言向新语言的转变提供捷径。报纸文章、政府公告以及报告也可用作学习材料。组织可对这些材料基于员工学习目的加以归纳，并包含在员工会议的议程中进行简短讨论。

最后，我们还需要对知识衡量方式有所关注，这一点会在战术五中进一步探讨。对于培训，应配置可量化且基于结果的衡量方式，以明确员工通过培训所获的能力水平。[38]为员工提供认证，就是对其所获的技能加以表彰和奖励。[39]

## 花 10 亿美元培训员工是最划算的买卖

组织要在数字时代谋求生存并非易事。去中介化的大潮席卷而来，几乎无孔不入，且远不是你我所能掌控的。[40] 对此我们又该如何应对？答案是对人进行投资，而不仅是对技术。我们应该倾尽所能来填补员工的技能空缺，使其得以更快速地朝向技术接受者的象限迈进。

组织对其员工的投入，旨在改善其技术能力，改变他们的行为。组织绝不是出于利他目的才做此投入，而是为了自身能够应对数字时代所带来的持续混乱局面。通过培养员工的现代技能和理念，可令其更好辅佐组织达成使命。

AT&T 之所以对其员工投入数亿美元，是期望其管理者可借此成功树立技术接受者的自我界定。AT&T 的"劳动力 2020"再培训计划的效力，会通过 4 个类别标准进行衡量——活跃度、流动性、商业产出以及情绪。[41] 这些分类也可用于对管理胜任力进行特别度量，包括公司未来所需的数字技术素养（在活跃度类别中），承担新角色的意愿（在流动性类别中），以及效率提升（在商业产出类别中）。[42] AT&T 重新设计的报酬方案不再那么强调资历，而是加入了更多可变报酬，以激励更高效的任务执行，并给予亟须的技术技能以更多权重。公司会对那些掌握了诸如网络安全、计算机科学、数据科学 IT 网络和软件定义网络等高需求技能的个人员工给予财务奖励。[43]

AT&T 作出的战略决策是对其员工重新培训，而不是全部替

换。但 AT&T 的管理者们还需铭记一点：他们必须在 2020 年前
"适应"数字时代的未来，为此 AT&T 将为他们提供必要的培训
和工具，以使他们成为技术接受者。身为管理者和员工，必须对
自己进行重塑以迎合数字时代，否则他们便会被淘汰出局。为了
让每个人都有机会跟上时代，组织应对那些面向未来的技能加以
倾力投入。

## 注释

1. Caminiti, S., "AT&T's \$1 billion gambit: Retraining nearly half its work-force for jobs of the future", March 13, 2018, 见 https ://www.cnbc.com/2 01 8/0 3/13/atts-l-billion-gambit-retraining-nearly- half-its-workforce.html。

2. 同上。

3. Benko, C. and Donovan, John, "Inside AT&T's radical talent overbaul", October 7, 2016, 见 https://hbr.org/2016/10/atts-talent-overhaul。

4. 同上。

5. Messina, C. "The UN leadership framework: A catalyst for culture change at the UN", May 30, 2017, 见 http://www.unssc.org/news-and-insights/blog/un-leadership-framework-catalyst-culture-change-un/。

6. "Workday for Financial Services" [PDF] (2017), *Workday*, 见 : https ://www.workday.com/content/dam/web/en-us/documents/data- sheets/data-sheet-workday-for-financial-services-us.pdf。

7. Trello Enterprise (n.d.), 见 https://trello.com/enterpris。

8. Ahadi, H., "An examination of the role of organizational enablers in business process reengineering and the impact of information technology", *In-*

*formation Resources Management Journal*, 2004, 17(4), 1 - 19. http://dx.doi.org/10.4018/irmj.2004100101. Siriginidi, S. R., "Enterprise Resource Planning in Reengineering Business", *Business Proces Management Journal*, 2000, 6(5), 376- 391. http://dx.doi.org/10.1108/14637150010352390.

9. Knol, W. H. C., & Stroeken, J. H. M., "The diffusion and adaption of information technology in small and medium sized enterprises through IT scenarios", *Technology Analysis & Strategic Management*, 2001, 13 (2), 227-246. http://dx.doi.org/10.1080109537320123815.

10. Dewnarain, G., O'Connell, D., & Gotta, M., *SWOT: Slack*, *worldwide*, October 6, 2017, 见 https://www.gartner.com/docrreprints?id=i-4K5I75F&ct=17 1108&st=sb。

11. Stackpole, B., "Five mistakes IT groups make tub training end-users", March 13, 2008, 见 https://www.cio.com/article/2436969/training/five-mistakes-it-groups-make-when-training-end-users.html。

12. Peterson, H., "McDonald's shoots down fears it is planning to replace cashiers with kiosks", June 23, 2017, 见 http://www.busnessinsider.com/what-self-serve-kiosks-at-mcdonalds-mean-for-cashiers-2017-6。

13. Taylor, B., "How Domino's pizza reinvented itself", November 28, 2016, 见 https://hbr.org/2016/11/how-dominos-pizza-reinvented-itself。

14. 同上。

15. "The role of the sponsor in bringing change to a project", July 6, 2011, 见 https://www.brighthubpm.com/change-management/39144-sponsoring-a-change-management-initiative/。

16. AT&T Profile (n.d.), 见 http://about.att.com/sites/com- pany_profile。

17. Warren G. Bennis, as cited in: Fisher, Mark, *The millionaire's book of quotations*, 1991, p. 151.

18. Cannon, W. B., *Bodily changes in pain. hunger, fear and rage: An account of recent researches into the function of emotional excitement*, New York,

NY: D. Appleton and Co., 1929.

19. Lally, P., Jaarsveld, C. H., Potts, H. W., & Wardle, J., "How are habits formed: Modelling habit formation in the real world", *European Journal of Social Psychology*, 2009, 40(6), 998-1009. doi: 1 0.1002/ejsp.674.

20. Merzenich, M. M., *Soft-wired: How the new science of brain plasticity can change your life*, San Francisco: Parnassus, 2013.

21. Keller, S., & Aiken, C., "The inconvenient truth about change management", McKinsey & Company, 见 http://www.aascu.org/corporatepartnership/McKinseyReport2.pdf。

22. Hunt, E., & Banaji, M. R., "The Whorfian hypothesis revisited: A cognitive science view of linguistic and cultural effects on thought", *Indigenous Cognition: Functioning in Cultural Context*, 1988, 57-84. doi:10.1007/978-94-009-2778 -0_5.

23. United Nations System Staff College, "Delivering successful change with enterprise resource planning (ERP) systems", Case Study Series (1/ 2017), p. 8.

24. 同上。

25. 同上。

26. Bolles, R. N., *Three boxes of life and how to get out of them*, Berkeley: CA: Ten Speed Press, 1981.

27. Senge, P. M., *The fifth discipline: The art and practice of the learning organization*, New York, NY: Doubleday, 1990.

28. West, D. M., *The future of work: Robots. AI, and automation*, Washington, DC: Brookings Institution Press, 2018.

29. Eshet-Alkalai, Y. (n.d.), "A holistic model of thinking skills in the digital era", *Encyclopedia of Distance Learning. Second Edition*, 1088-1093. doi:10.4018/9 78-1-60566-198-8.ch154.

30. *Being fluent with information technology*, Washington, DC: National Academy, 2000.

31. 同上。

32. "CHG healthcare services placed among global elite corporate training programs", December 22, 2009, 见 https://www.news-medical.net/news/20091222/CHG-Healthcare-Services-placed-among-global-elite-corporate-training-programs.aspx。

33. Freifeld, L., "L&D best practices: Technology and technical development", October 22, 2013, 见 https://trainingmag.com/content/ld-best-practices-technology-and-technical-development。

34. "Defining critical thinking" (n.d.), 见 http://www.criticalthinking.org/pages/defining-critical-thinking/766。

35. United Nations System Staff College, "Delivering successful change with enterprise resource planning (ERP) systems", Case Study Series (1/ 2017), p. 8.

36. 同上。

37. Knowles, M. S., F., H. I., & Swanson, R. A., *The adult learner: The definitive classic in adult education and human resource development*, Abingdon: Routledge, 2015.

38. Keller, S. and Aiken, C., "The inconvenient truth about change management", McKinsey & Company, 见 http://www.aascu.org/corporatepartnership/McKinseyReport2.pdf。

39. 同上。

40. Hankin, A., "9 companies Amazon is killing", June 28, 2018, 见 https://www.investopedia.com/news/5-companies-amazon-killing/。

41. Benko, C. and Donovan, John, "Inside AT&T's radical talent overhaul", October 7, 2016, 见 https://hbr.org/2016/10/atts-talent-overhaul。

42. 同上。

43. 同上。

# 第 9 章

## 战术五：衡量管理者对
## 技术变革的接受度

**主旨：**衡量管理者是否完成了从观望到亲身参与变革的转变。

英国作家查尔斯·狄更斯曾写下著名的《双城记》，而我们在这里也要讲一个"两个委员会的故事"，通过对比来展现何者明智，何者愚昧。[1] 这个故事源自我们与两个跨国组织内部高级别管理委员会所展开的合作。每个委员会都会用一种独特的方式去准备会议，举行会议并就会议上所做决策进行沟通。其中一个组织的管理者有着较强的数字方面的悟性，另一个组织的管理者在这方面则有点浑浑噩噩。因此，很容易分辨出两者谁为技术接受者，而谁又是技术修补者。

一个委员会的桌子上总是堆满纸张，可亟须的文档却常常不知所踪。每次业务展示都少不了冗长乏味的报告，让管理者们在确定下一步行动前先要浪费不少时间消化这些报告。秘书会负责记下其他人的决定，但是当这份记录被传看时，却往往让众人陷入争论。

另一个委员会在开会时，桌面上没有一张纸。每个成员会在会议前，在自己的笔记本电脑上预览一遍电邮发送给他们的行动项。分配任务时，每个人会在一个合作文档中记录他的计划行动，并在整个团体面前的大屏幕前显示。所有人对任务分配和决策达成一致，而会议记录则在线存储，以便按要求随时更新（表 1）。

**表 1　两个委员会的故事**

| 数字悟性强，单一数据源 | 数字悟性欠缺，纸张到处都是 |
|---|---|
| 别带纸，提前给我发 Email | 50 页的报告太短了，要更厚才行 |
| 通过大屏幕主持会议，无须分发资料 | 会议桌堆满了各类文件 |
| 与会者自带笔记本电脑以查阅细节 | 与会者带着下属，要后者提供细节 |
| 以电子方式汇集和分发一系列会议备注 | 每个人都在记笔记，然后争论谁记得对 |

那些有着数字悟性的管理者无疑是技术接受者。他们会投入时间来发现并接纳数字时代的工具手段。他们使用的是市面上可获得的软硬件，并能够改变自己的行为和流程来提升个人效率，增强有效性。而且，他们为自己组织内所有员工树立了一个良好的典范。

这两个委员会的对比所展示的就是管理者如何改变自身对技术的使用与态度的方式。通过对技术欣然采纳，可帮助组织改善多项基础管理任务的表现，如了解信息，利用信息进行决策，以及就这些决策进行明确沟通。这些正是帮助管理者作出快捷高效决策，并为组织带来成功的关键所在，也是身为管理者的职责所在。

## 不能衡量的，就是不能掌控的

开尔文男爵（Lord Kelvin，绝对热力学温标即以他命名——译注）曾说过："如果你能够衡量某个物体，那你就能掌控它；相反如果你不能衡量，那你也无法掌控。"[2] 领导者想要知道技术接受是否已经在其组织内生根发芽，就必须衡量管理者对技术变革的接受程度。许多管理者表面上乐于响应组织号召，积极迈入数字时代，但实际上却是阳奉阴违，穿新鞋走老路。因此，必须衡量管理者的变革意愿究竟如何。

领导者必须同时身兼技术接受者和数字时代变革管理者的身份。组织中的所有人都要明白，对技术的接受是没有转圜余地的。不管是领导者还是管理者，包括司法官、财务管理和执行官，那些可能觉得自己能够置身事外者，都需要对其技术接纳与认识程度进行测试。如果不对其技术能力进行定期衡量和检验，那么一些人就会认为技术接受者之类的概念事不关己。他们也就没有相应的资质来引领数字时代变革管理，并真正接纳对组织在数字时代存续至关重要的技术解决方案。

管理者拒绝成为技术接受者会对组织业务有何影响？从他的一举一动之中可以轻易显现，比如某个管理者是如何搭乘出租前往在纽约市举行的业务会议的。他住在布鲁克林的精品酒店。开会前，他先从自己的笔记本电脑上抄下来一个公司地址，然后把小纸条递给笑容可掬的门房。门房叫了打车服务，然后把这个地址转发给司机。只是，这一次在信息的传递过程中出了一点小错。而这个错误一直无人发现，直到乘客在出租车上惊呼："我们不是在通过布鲁克林大桥吧！？"乘客指定的目的地在布鲁克林，可出租车却开到了曼哈顿。管理者最后开会迟到，而整个行程的费用要比其合理预期高出至少 20%。

而现在流行的共享打车 APP 都会有一个功能，让用户输入目的地，并在地图上以直观方式确认。使用数字时代技术来打车，可以降低人为错误风险。这就可以节约人力时间成本和实际费用，并由此创造价值。在这个过程中，门房和出租车调度员都被去中介化了。

你可能会有很多理由来拒绝共享打车技术，但那些与信息接触最密切的人，那些对信息进行输入和管理的人的观念才会产生实际意义的成本影响。在某个技术应用软件中输入某人自己的信息，创建明确数据流，并以分析方式处理这一数据流，这不仅事关组织价值创造，同时也是数字时代变革赋予管理和变革领导力的构成要件。不能接纳技术的管理者，会阻碍其组织对自身绩效的衡量。数据流的匮乏意味着业务结果无法和其他技术用户进行对比，也就无端浪费了云技术所带来的机遇。

## 管理层不接受技术变革，无异于裸奔

在许多组织中，所谓对管理者的衡量充其量不过是"皇帝的新衣"而已。写出这个故事的童话大师安徒生一定对人们恐惧权威的心理有深刻洞察。在组织里，员工也一样不愿意揭穿那些高管虚张声势的做派。直到那个孩子对赤身裸体的皇帝大喊道"他什么都没穿",一切才得以真相大白。[3] 通过对管理者针对现代化技术的态度及相应运用能力的衡量,就可以揭示出谁在数字时代的大潮中裸泳。

如果领导者并不会因为自己及其所属的管理者是否使用了相应技术而承担必要责任,那么该技术很可能就被弃之不用,一切照旧。"多数执行高管并不将自己视为'问题的一部分',因此从内心深处不认为自己需要有所改变,即使他们在原则上也同意身为领导者必须以身作则。"[4]

通用电气(GE)为了搞清为何其首席执行官出差时,会有一架空余的私人喷气机随行,而且这位 CEO 自己还浑然不知的问题,还得寻求外援帮助其进行内部审核。[5] 在 GE,并没有任何手段通过运用数据或其他绩效指标对高层管理是否遵循董事会指示进行监管。即便确有相关规定,但那个最接近信息的人,也就是 CEO 自己却未能通过技术来获取相应数据,也就未能就什么做法恰当,什么又不恰当的问题给别人树立榜样。没有人敢于喊出,那个被组织声称处于数字时代最前沿的领导者"皇帝",实际上却缺乏技术接受的基本素质。

要求某人为自己的出差行程安排负责,只是对高管行为改变相关要求的最基本层次。如果要用那些表明组织技术接受程度的标准对管理者进行有效衡量,那就需要组织作出一点改变。身为管理者,不应在这一问题上搞特权主义或者特殊化。

当行政高管接纳新的数字技术后,他们便可改善自身开展业务的方式。他们的个人模范效应也会沿着行政管理系统向下传递，效果远好于任何备忘录或培训课。如果领导者明确了自己的技术接受者身份，愿意改变个人行为甚至作出一定牺牲来推动数字技术的采用，那么他们的员工绝不会对此视而不见，所谓上行下效便是如此。那些拒绝技术接受的借口也将不再有用。

技术接受型管理者的目的，应该是积极参与变革管理的良性循环，并对其加以主导。管理者应评估自身行为，确保在行为改变上对自己也一视同仁。所有的管理者都需要改变自身行为，并努力成为组织中的榜样。做到这一点，就能在组织所有层级形成显而易见的激励效应。身为管理者，需要让员工看到，他们在组织里也一样要接受行为改变三角的检验。

领导者要为对其手下管理者的衡量负责。作为组织的"皇帝"，领导者决不能沦为数字时代的"赤身裸体者"。他必须亲自承担起接纳技术接受，并将技术真正融入组织所应承担的责任，而不是企图找人顶包。

## 数字悟性：IBM 流程成功再造的绝杀技

技术素养必须成为 21 世纪管理者的必备素养。[6]领导者需要对那些催生工作实践与行为革新，并导致组织变革的技术有所了解。但是，即便正式的素养要求中有此一项，可技术能力通常并不被视为现代管理者的核心素养。[7]

那些未能履行技术接受职责的领导者，会成为数字时代的失职者，他们无法承担技术责任，无法完全理解他们所在组织的转型要求，自然也无法带领组织成功脱离数字时代的错位。Facebook 和 MySpace（我的空间，美国在线社交网站）迥然不同的际遇也体现了这一点。Facebook 的执行层对用户偏好与技术变化作出了快速响应，并借此取得了成功。而 MySpace 则被澳大利亚新闻集团（Newscorps）收购，可后者的高管们显然并不能理解 MySpace 的技术或业务，于是他们的决策立马陷入"官僚主义的泥沼"之中而不可自拔。[8] 这家公司也因此成了经典的"技术失败"案例。[9]

IBM 的流程再造实践显示，要获得成功，最重要的依仗就是流程团队中经验丰富，具备技术素养的管理者。[10] 所以，身为管理者，必须展示自身具备足以在数字时代职场胜出的必要技能。管理层的技术能力强弱，将决定组织在接纳—适应策略矩阵中朝第一象限"技术接受"迈进的速度快慢。

让我们回溯 1995 年，沃尔玛国际部的原首席信息官（CIO），后成为首席执行官（CEO）的鲍勃·马丁（Bob Martin）发现，对全球性公司而言，从多个体系获得信息，并将其传播给管理者和员工的能力是成功的关键所在。[11] 于是沃尔玛要求管理者重新检验自己的技术知识。那些不能运用技术分析和综合数据的管理者，也就不能行之有效地管理。[12]

20 多年之后的今天，相应标杆已经提升。那些开发数字技术的初创企业，可以让业内现有企业一夜之间宣告出局。因此，对于商业决策而言，"数字悟性"已经不是什么锦上添花的选项，而是必不可少的存在。所有行政高管，都需要将对数字时代技术的理解和接受融入到自身的能力禀赋以及业务决策架构中去。[13]

数字时代的基本理念之一，就是流程取决于从外部所选择的技术。如今公司的商业决策就是不再开发自己的辅助流程，而是转而使用更为高效和经济的"第三方产品与服务所构成的数字拼图"。[14]在此意义上，管理者不但要充分认识到这些技术供应的存在，还要对其可为组织的数字时代转型提供何种帮助有所洞察。

注册投资顾问已成为美国投资顾问行业增长最快的分支，他们从嘉信理财（Charles Schwab）、富达投资（Fidelity）及其他公司购买一整套的记账及运营基础设施。[15]这种来自技术制定者的"全包式"系统可让个人或者小型团队轻易获得运营自身企业所需的一切支持。而管理者只需聚焦于他们的市场优势：提供投资建议即可。[16]不过，要做到这一点，管理者需要了解有哪些技术可以获取，还要找办法衡量自己对技术的运用效果如何。

"技术已经重新界定了业务的范围、预期及其所蕴含的职位角色……如果不能将对技术的理解和接受纳入领导者职责之中，那也就无法确保组织的盈利能力。"[17]合格的领导者会运用数字时代的技术，衡量自身的变革领导力，以此重构自身业务发展潜能，并从中创造价值。行政高管们再也不应戴着已有定制流程或再造工程的有色眼镜去看待技术，一心想着："我们怎么用这些新的技术能力来改进已有的？"这种想法已经过时了。[18]相反，现代的管理者们应该问的是："我们如何用这些技术来开展那些

我们尚未开展的业务？" [19]

## 无法接纳技术变革，管理者只能离开

数字时代技术会从众多使用者处汇集数据，这使得组织可以将自身运营和员工状况与使用相同技术的其他组织进行对比。使用数字化衡量方式，可以化挑战为收益，立即知晓哪些员工已在使用数字时代技术，而哪些还没有。而通过建立相应基准，管理者可进一步认识到以往从未奢望过的数量级规模提升，这足以让管理者和员工不再因一点小成就而自鸣得意。[20] 组织应将相应衡量的结果纳入到管理者晋升的评判标准中。[21]

要将组织变革管理与个体管理者层面的数字素养与管理绩效联系起来，有点强人所难。那些可用于员工绩效管理的标准衡量工具无论是对个人隐私还是管理层隐私都有高度侵犯性。[22] 这些工具自身也是数字时代的产物，它们从每个员工的工作效率、努力程度及决策结果中收集数据。[23]

幸好，数字时代也提供行为变更这一选项来解决绩效管理问题。例如，要将数字素养与个人绩效联系起来，可通过数据即服务（DaaS）达成。DaaS 可对使用同样基本流程的技术接受者对象进行比较。通过在同一流程的技术接受者之间共享数据，就可以对某个组织相比其他组织的对比情况有所了解。[24] 用于对比的组织甚至可来自不同行业。

基准对比也不仅限于组织层面。其可延伸到单位、职能和个人领域，也包括对管理者。其实在共享打车软件中，打车人作为用户已经通过评星体系对个人即司机进行打分评定了。[25] 将这些硬数据与技术素养和个人绩效相联系，也是按需经济的大势所趋。[26] 其将管理监督职权进行了重新分配，从原先传统的正规管理向雇主、员工和消费者组成的三角监督转变。[27] 这一新关系体系的各个方面都可加以衡量。

随着各种类型的互动关系都可通过电子方式追踪并运用数据分析加以对比，数字驱动型个人绩效监督将更为普遍。[28] 用数据流来评定绩效，会引发一个伦理问题，也就是如何创建和使用这些数据。这方面的探讨，可以说是现有的对数据驱动绩效管理职责是否恰当的争论的进一步深化。[29]

组织领导层将越来越多地将数据流用于变革管理目的。其中就包括将数字素养与个人绩效相联系，以在管理者之中分辨出数字时代的失职者和胜任者。那些已经具备数字时代素养的管理者，将占据更有利的位置，在一个绩效衡量越来越向个人层面深入的基准化时代中脱颖而出。通过数据流，可实现跨组织对比，而不再仅凭主观臆测和定性绩效审核。一旦个人绩效显示其无法接纳技术，尤其是在领导层级，那么就需要其离开工作岗位。

### 准备好接受衡量

不管数字时代给出了什么基准选项，绩效管理作为一套体系也必将经历重大改变。对绩效管理需求的复杂性仍是多数组织的共同特点，其中一些选择将绩效目标与更为复杂的结果架构相联系，[30] 而另一些则试图摆脱传统的年中、年底批量评估方式。[31] 传统的绩效评估正逐渐改变，领导者如今要面对的问题不仅是如何看待自己的团队成员，更是如何对待他们。[32]

在数字时代，管理者面对组织对自身数字素养的衡量，如想做到有备无患，那么重新聚焦于能力架构和工作内容会是更有成效的途径。首先，工作内容的描述需要加以更新，以匹配考核相应数字能力所要求的基准化任务，这些能力包括所获得知识，展示技巧，以及沟通态度。[33] 在这一模式中，所有必需能力都会包含从1到5的不同级别，其中1级为专家级，而5级为初学者级。随后可制定个人发展规划，以反映个人在朝向技术接受者转型过程中管理职责具体如何改变，这种评价主要为定性，但亦有可加以定量衡量的成分。这种混合式的绩效管理方式有助于将需要加以衡量的能力转变为个人绩效行动计划。

现在，我们可以将之前所述的DaaS基准能力以及从中衍生的组织透明度、个人绩效和数字时代素养问责几方面结合起来，使之彼此快速产生关联。将来，绩效数据流化的趋势无可避免，但变革领导力的难题在于在运营组织时需清醒地认识到，数字领悟力的有无会直接影响组织使命的达成。为此，对管理者技术接受度的衡量需慎重对待。

例如，假设某个员工在图像直观读写素养中只获得4级能力评定。那么他的发展规划中就应该包括相应的阅读（例如爱德华·塔夫特2001年所著的《定量信息的视觉显示》一书）、课程或辅导，以获得相应知识。之后还可以给他布置一些为文档和演示创建图表的作业，以展示其技能掌握情况。要培养诸如避免在数据密集型讨论中使用 PPT 的新技巧，[34] 也可以在辅导中包含一些鼓励活动，比如进行自助式讲习，正式展示，或在公司的通讯简报里写篇文章等。最后，还需要管理者找出自我衡量的标准。

我们已经可以想象随之而来的怨声载道。比如没人有时间搞什么个人发展规划啦，或者"图像直观读写"之类的听起来是IT 部需要的技能，但不是经理需要的。多数人并没有经历过可直接与个人或组织绩效相关联的实时数据界面所带来的高透明度体验。当这些功能最终实现时，人们就会发现这种基准管理不会因为你还没准备好就网开一面。如果组织及其管理者未能针对自身的衡量评判做好准备，那么其势必会对组织的日常价值创造过程及其数字时代变革管理良性循环的介入能力产生影响。如果你的组织不能给出与数字时代相匹配的严谨绩效管理方案，自有其他组织能做到。[35]

将最新的数字时代绩效管理概念推而广之，就是要在个人和组织两个层面推进组织变革管理能力的建立。而最有助于提升变革管理技能的两种能力素质，分别是风险管理和接受失败。最后要强调的是，衡量管理者技术接受度的真正目的，是通过试错方式鼓励创新，并建立为推动进步而承担一定风险的能力。

### 鼓励冒险

如果员工和管理者有志于成为技术接受者，就要支持或鼓励他们勇于承担合理风险，以保持技术敏锐性。管理者应抛开成见，虚心求教，积极尝试新方法，毕竟"无风险，便无革新"。[36] 在许多组织中，会通过调查或针对性面谈来揭示组织是否承担了与其所声称的风险偏好或风险政策相称的具体风险，这种办法还是较为可行的。极为常见的情况，是风险界定与管理部门对于评估组织承受风险的能力和程度这一任务表现出排斥心态。革新源于对冒险精神的鼓励，而"在大型组织中，革新文化是否存在取决于其高管"。[37] 身为领导者，需要制定风险底线，明确自身鼓励立场，以实现有效治理。如果其未能如此，那么鼓励冒险只能沦为一句空话，更遑论在组织生根发芽，成长为数字时代的核心竞争力了。[38]

彼得·罗伯逊（Peter Robertson）发现，荷兰渔民一般会一起捕鱼。[39] 全体船队会一同航行到鱼群常常聚集的区域。但这种做法也蕴藏着风险，那就是鱼群可能去了其他地方，于是每个人都只能空手而归。为降低这种风险，会有两艘渔船不跟随船队捕鱼。它们会走不同的水路，检查鱼群是否转移了根据地。正是这一持续不变的检查，让所有渔民都可以没有后顾之忧。

组织可建立一套绩效评估系统，鼓励管理者亲身实践风险管理，就像这些荷兰渔民一样。要将风险承受能力和渔民们的风险缓解策略类同起来，需要获取一些难以衡量的管理绩效指标（如接纳技术的意愿），对此一个途径是寻求来自组织外部专业人员的反馈。[40] 企业家史蒂夫·安德里奥尔（Steve Andriole）曾谈到他的公司建立了一个创新实验室，其中就包含公司以外的参与者。既然没有风险就没有创新，那么引入这些外来者的目的，就是逼迫公司的管理者去"公开追求创新，借鉴采纳那些最优秀的创意，而不问其出处"。[41]

### 接受失败

技术接受者是革新者和冒险者，那些重视管理者的冒险与实验精神的组织会更接近成功。但是，并非每一次对新技术的尝试都会有预期的效果。对于那些一心采纳新技术却以失败告终的管理者，组织不应加以苛责和惩罚。事实上，在组织的学习过程中失败是不可避免的，其可能还会带来明显的长期收益。[42]

例如，现在有些智能手机用户会通过扫描条形码来比较产品价格，但他们并不知道条形码最初设计时并不是为了标记零售商品。条形码最初的用途是标记不同种类库存，以解决不同类库存的清点问题。大型条形码则被用于轨道车辆的位置记录，这些火车的车库分布在跨度数英里范围内。这套机制并不是很有效，因为尘土常常会遮盖住条形码，让它们难以准确辨读。因此，如今家喻户晓的通用商品代码（UPC）其实来自运输行业的某项失败技术。[43]由此自然会让人想到，物联网和网络收集数据这些技术在外行手里恐怕也是一无是处，但其从失败走向成功也许只是个时间问题。[44]

组织可以将管理者的失败视为对其技术接受衡量是否达标的证明。即使管理者们在技术采用过程中失败了，但仍展现出了他们敢于担当新角色、接纳新工作方式的意愿。而且这个过程中，他们也评估了相关信息，并展示了抽象思维能力。像塔塔集团

（Tata Group）这样的国际性企业，甚至会将努力行为重新诠释为"敢于尝试"，以此勉励失败。[45]

要让管理者不因为技术接受过程的失败而受罚，组织就必须确保根据其意愿来评定绩效，看他们的初衷是否是与其他人共享知识，并以合作方式给出响应。CMF 及其对变革管理的相应治理在评定成功与失败一事上起到关键作用。对那些遭遇失败的管理者，必须在 CMF 帮助下对其加以重新评估，反省其为何未能成功，并在整个组织内分享他们的经验教训。管理者们也必须回顾失败模式，确保自身已归纳并理解相应教训。[46]通过对知识管理的正确理解，可对一系列事件进行公允无偏的审视，不论其是好是坏，是美是丑。[47]如此一来，组织便可创建有用的相关知识并以此实现成长，因为"作为个人和组织，我们不仅可以从正确运转的事物中学习，也一样可以从错误和失败中学习"。[48]

## 率先拥抱技术变革的旅游业已抢占先机

技术接受是一种需要悟性的变革策略，如果能够合理运用，其可为领导者及其组织带来竞争优势，从而提升成功机会。近年来，旅游业就经历了一轮又一轮的改变，市场从原先的实体店中介模式，到在线 DIY 规划，再到对一揽子旅游产品的虚拟小众化供应，变化可谓翻天覆地。如今的技术接受型小企业和个人能够向消费者提供整个行程，包括航班、酒店和汽车租赁，在线门户网站可实时汇集这些信息，并根据供需进行动态定价。[49]通过对这些可随处获取的技术加以有效利用，旅行提供商就无须再花时间建立自己的网站或购买机票。相反，他们竞相推出专为每位客户定制的旅行"体验"。

旅游中介所进行的技术接受改造并不简单。领导者及其组织也应从中受教，学会拥抱接纳技术变革。而如今，只要有心，几乎人人都可以对技术的接受度加以衡量。通过观察，就可以发现那些数字时代的失格者。而基于数据的基准评定可以揭示出哪些管理者最善于运用技术流程。CMF可以为管理者的技术适应之旅提供指引，其方法是通过作用类似于技术综述的商业案例，或是就现有技术对高层管理和变革管理者进行概括。

在同事和下属面前，管理者一般都不想自己看起来一副懵懂无知的样子。如果他的知识起点较低，可能会引发内心恐慌，而这种恐慌又让他不愿问问题。缺乏问题意识，尤其是高层人员之中的这种趋势，都可能增加数字时代的失职风险。

要缓解这种恐慌，一个方法就是建立信息可自由流通的公共参与空间。这种对等式的咨询论坛有助于对新的想法观念展开讨论。例如，联合国系统职员学院就是用一套对等网络来支持其联合国组织变革和知识实验室（UNLOCK）旗下的资深政治领导项目，这一网络的目的就是"共享知识并促进变革合作"。[50] 对于管理者而言，讨论小组应该是一个可以坦诚自己缺乏某些知识并向别人学习的安全场合，[51] 如果这一小组遵循"查塔姆大厦规则"，也就是说小组会保护参与者隐私的话，那大家就更能畅所欲言了。[52]

组织还可通过与技术导师建立关系来进一步减少技术失职的发生。与其他技术接受者共建社群也能抱团取暖，彼此鼓励。专家方面，可寻求那些可针对知识共享展开合作的技术咨询组织的帮助，这其中有商业性组织，也有非商业性的知识孵化器、大学和其他教学机构。

通过衡量管理者绩效表现及其努力接纳技术的成果，可帮助他们更有效地改变自己的行为，向成为技术接受者的目标迈进。[53]应对管理者的具体行为加以评估，这些行为关系到的正是组织所期望他们具备的能力，也就是在数字时代推动业务绩效提升的能力。[54]对管理成就建立指标背后的逻辑是：如果知道某种行为要接受检验，那么人们就会更积极地去完成。[55]

只有当管理者自身成为技术接受者，组织的技术接受转型才变得可期。[56]行业领军组织及其领导者必须亲自投身技术大潮，并持续提升自己的技术领悟力而不是继续浑浑噩噩、尸位素餐，才能在这场竞争中掌握先机。而掌握了相应知识和能力后，管理者就能积极投入到数字时代变革管理的良性循环中。技术接受型的管理者，将有助于其所在组织不断向接纳—适应策略矩阵的第一象限"技术接受"迈进。

## 战术完结：迈向下一站

数字技术和数字革新已经不再是"新鲜"事物。[57]本书中针对数字时代变革领导力的战术已经向我们展示，对技术而言，重要的是将来而非过去。战术五之后，变革领导者需要完成整个变革良性循环，并回到战术一，重新设想数字时代的持续变革管理。到那时，成功变革的领导者自会获得关于未来需加以应对的变革的全新视角。

新的技术，将让技术接受者的策略以及其应用战术都产生相应变化。技术迈向的下一站始终是未知："变革可能无可避免，但技术进步不仅必然助长更深层的变革，而且还会改变变革本身的特性。"[58]唯一确定的是，技术接受策略能否实行，将取决于变革管理的成败。

我们的数字时代变革领导力战术可帮助组织重新审视和刷新自己对数字时代竞争力的理解。相比项目或者风险管理，技术驱动变革和变革管理的性质与方法更具可塑性。前两者的规范近年来已逐步稳固了；与之相反，变革管理还是一个新兴领域，以至于仅仅提及这一术语就可以让人不明所以。有些组织，根本找不到能和变革管理沾边的行为，全因以往相关经验过于贫乏。也正是因为缺乏经验，许多领导者倾向于将变革管理视为问题，而非解决方案。[59]

对技术而言，当前变化最剧烈的领域当属人工智能（AI），这一技术可能会对人力资源方面的变革产生巨大影响。[60]所谓AI，就是让机器更加聪明，而所谓智能，就是让某个实体能够恰当运转，并在其所处环境中具备一定预见能力的相应特性。[61]AI的兴起对变革领导者构成的挑战是，他不仅要回应人，还要对机器的"恰当"判断作出回应，并判断这种预见力是否会带来全新

212

的，不可预知的挑战。[62]

变革管理革新，包括对技术接受的应对，都是一种思维过程，其聚焦的是如何帮助领导者认清当前现实：一个伴随着去中介化和各种数字时代剧变的现实。德国汽车制造商宝马（BMW）已成立了一个伦理团队以帮助指导对自动驾驶或无人驾驶汽车的开发。[63]宝马之所以这么做，想必是因为认识到了无论如何对变革善加管理，技术仍可能带来始料未及的伦理问题。身为技术接受者，如何维持变革的良性循环，这是值得费一番思量的。

因此，切记不要在战术的最后就此止步。相反，我们应回到起点，去审视当下是否又发生了不可预见的变化，需要重新设想技术接受策略，修订战术并运用技术。技术会重新定义管理，[64]因此对于变革和变革管理的具体对象，我们仍需加以持续关注和重新定义。

## 注释

1. "It was the age of wisdom, it was the age of foolishness"：Dickens, C., *A tale of two cities*, 1859.

2. Van der Zee, 1., *Measuring the value of information technology*, Hershey, PA: IRM Press, 2002.

3. Anderson, H.C., *The emperor's new clothes*, Boston, MA: Houghton Mifflin Co, 1949.

4. Keller, S. and Aiken, C., "The inconvenient truth about change manage-

ment", McKinsey & Company, 见 http://www.aascu.org/corporatepartnership/ McKinseyReport2.pdf。

5. "GE wants to know why former CEO Jeff Immelt traveled the world with a Spare Jet", December 13, 2017, 见 http://fortune.com/2017/12/13/ge-investi- gation-jeff-immelt-spare-jet/。

6. Nadler, D., Shaw, R. B., & Walton, A. E., *Discontinuous change: Leading organizational transformation*, San Francisco, CA: Jossey-Bass, 1995.

7. See ACHE healthcare executive 2018 competences assessment tool, Re- search & Resources, 见 https://www.ache.org/newclub/ resource/competencies. cfm。

8. Eadicicco, L., Peckham, M., Pullen, J. P., & Fitzpatrick, A., "TIME's 20 most successful technology failures of all time", April 3, 2017, 见 http://time. com/4704250/most-successful-technology-tech-failures-gadgets-flops-bombs- fails/。

9. 同上。

10. Grzinich, J. C., J. H. Thompson, and M. F. Sentovich, "Implementation of an integrated product development process for systems", 1997. doi:10.1109/ PICMET.1997.653448.

11. Martin B.L., "The end of delegation? Information Technology and the CEO", *Harvard Business Review*, Sept.-Oct. 1995, 见 https://hbr.org/1995/09/ the-end-of-delegationinformation-technology-and-the-ceo。

12. 同上。

13. "It is a losing proposition for a company's leadership to view technolo- gy as separate from business": Beckley, A. M., "How the cloud is changing the role of technology leaders", August 7, 2015, 见 https://www.wired.com/ insights/2013/09/how-the-cloud-is-changing-the-role-of-technology-leaders/。

14. Hirt, M., & Willmott, P., "Strategic principles for competing in the digi- tal era", May, 2014, 见 https://www.mckinsey.com/business-functions/strate-

gy-and-corporate-finance/our-insights/s trategic-princi- ples-for-competing-in-the-digital-age。

15. 同上。

16. 同上。

17. Ton, J., "It's all greek to me - How executives can learn the language of technology", March 28, 2018, 见 https://www.forbes.com/sites/forbestech-council/2018/03/28/its-all-greek-to-me-how-executives-can-learn-the-language-of-technology/。

18. Hammer & Champy, *Re-Engineering the corporation*, 85 (1993).

19. 同上。 .

20. Eccles, R. G., "The performance measurement Manifesto", February/ March, 1991, 见 https://hbr.org/1991/01/the-performance-measurement-mani-festo。

21. 见企业租车因素对晋升标准中客户满意度数据的影响: A. Taylor, "Driving customer satisfaction", July, 2002, 见 https://hbr.org/2002/07/driving-customer-satisfaction。

22. 描述一款 Worlday 的应用，这款应用能记录员工花在每项工作上的时间，并能将结果发送给员工的上级领导: "Data-crumbing is coming to help your boss manage your time", January 19, 2018, 见 https://www.nytimes.com/2015/08/18/technology/data-crunching-is-coming-to-help-your-boss-man-age-your- time.html。

23. 详细描述亚马逊如何管理员工工作的方方面面，如要求每周工作 80 小时，并惩罚休假、陪伴客人、生病的员工: Kantor, J., & Streitfeld, D., "In-side Amazon: Wrestling big ideas in a bruising workplace", August 15, 2015, 见 https://www. nytimes.com/2015/08/16/technology/inside-amazon-wrestling-big-ideas-in-a-bruising-workplace.html。

24. Press Release: "Workday delivers its first data-as-a-service offering with workday benchmarking" (n.d.), 见 https://www.work-day.com/en-us/company/

newsroom/press-releases/press-release-details.html?id=2190890。

25. The Points Guy，"Insider series: What Uber dri- vers know about passengers"，December 22, 2014，见 https://thepointsguy.com/ 2014/12/insider-series-what-uber-drivers-know-about-passengers/。

26. Rosenblat, A.，"The truth about how Uber's app manages drivers"，April 7, 2016，见 https://hbr.org/2016/04/the-truth-about-how-ubers-app-manages-drivers。

27. Wang, L.，"When the customer is king: Employment discrimination as customer service"，*SSRN Electronic Journal*，2015，doi:10.2139/ssrn.2657758.

28. Fuller, L., & Smith, V.，"Consumers reports: Management by customers in a changing economy"，*Work, Employment and Society*, 1991, 5( 1 ), 1-16. doi: 10.1177/0950017091005001002.

29. Wang, L., "When the customer is king: Employment discrimination as customer service"，*SSRN Electronic Journal*, 2015, doi:10.2139/ ssrn.2657758.

30. Birkinshaw, J., & Heywood, S. (n.d.), "Putting organizational complexity in its place"，见 https://www.mckinsey.com/business-functions/organization/our-insights/putting-organizational-complexity-in- its-place。

31. 同上。

32. Goodall, M. B., Buckingham, M., & Ashkenas, R.，"Reinventing performance management"，November 16, 2015, 引自 https://hbr.org/2015/04/reinventing-performance-management。

33. Waychal, P.，"A framework for devetoping innovation competencies"，2016 ASEE Annual Conference & Exposition Proceedings，2016，doi:10.18260/ p.26321.

34. Tufte, E.，"Powerpoint is evil"，September 1, 2003，见 https://www. wired.com/2003/09/ppt2/。

35. Lipman, V.，"Why employee development is important. neglected and can cost you talent"，January 29, 2018，见 https://www. forbes.com/sites/victor-

lipman/2013/01/29/why-development-planning-is-important-neglected-and-can-cost-you-young-talent/#7513ed86f63 3。

36. "Without risk there is no innovation》Gofore", December 18, 2017, 见 https://gofore.com/en/without-risk-no-innovation/。

37. 同上。

38. 同上。

39. Robertson, P., *Always change a winning team*, Times Editions, 2007.

40. Likierman, A., "The five traps of performance measurement", October 1, 2009, 见 https://hbr.org/2009/10/the-five-traps-of-performance-measurement。

41. Andriole, S., "What C-suite executives need to know about digital strategy and emerging technologies", October 8, 2015, 见 https://www.forbes.com/sites/steveandriole/2015/10/07/analytics-iot-social-location-security-how-to-all-get-along-a-note-to-c-suiters/#dfbc646ab27a。

42. Robertson, P., *Always change a winning team*, Times Editions, 2007.

43. Brown, S. A. (n.d.), "A history of the bar code", 见 https://eh.net/encyclopedia/a-history-of-the-bar-codel/。

44. Tower, B., "How IoT data collection and aggregation with local event processing work", 2017, 见 https://blog.equinix.com/blog/2017/11/29/how-iot-data-collection-and-aggregation-with-local-event-pro- cessing-work。

45. Haas, J. B., "Increase your return on failure", May 10, 2016, 见 https://hbr.org/2016/05/increase-your-return-on-failure。

46. 同上。

47. Javan, J., "Share knowledge for learning, not marketing", 2018, 见 http://www.unssc.org/news-and-insights/blog/share-knowl-edge-learning-not-marketing/。

48. Haas, J. B., "Increase your return on failure", May 10, 2016, 见 https://hbr.org/2016/05/increase-your-return-on-failure。

49. Hirt, M., & Willmott, P., "Strategic principles for competing in the dig-

ital era", May, 2014, 见 https://www.mckinsey.com/business-functions/
strategy-and-corporate-finance/our-insights/strategic-princi- ples-for-competing-
in-the-digital-age。

50. "The United Nations Laboratory for Organizational Change and Knowl-
edge (UNLOCK)" (n.d.), 见 https://www.unssc.org/featured-themes/united-na-
tions-laboratory-organizational-change-and-knowl- edge-unlock/。

51. Rezek, M., "The 3 types of fear that are bindering your growth as a
leader", July 10, 2017, 见 https://www.inc.com/mary-rezek/overcome-3 -main-
reasons-people-fear-speaking-up.html。

52. 查塔姆大厦规则详见 https://www.chathamhouse.org/chatham-house-
rule。

53. United Nations System Staff College, "Delivering successful change with
enterprise resource planning (ERP) systems", Case Study Series (1/ 2017), p. 13
（发现在两个公共机构中，衡量表现情况是成功地接受技术、管理变化的关
键因素）。

54. Keller, S., & Aiken, C., "The inconvenient truth about change manage-
ment", McKinsey & Company, 见 http://www.aascu.org/corporatepartnership/
McKinseyReport2.pdf。

55. 被认为出自彼得·德鲁克（Peter Drucker），但并无明确证据表明他
最早说过此话。引自 https://en.wikipedia.org/wiki/ Peter_Drucker。

56. Eccles, R. G., "The performance measurement Manifesto", February/
March, 1991, 见 https://hbr.org/1991/01/the-performance-measurement-mani-
festo。

57. Momson, Ciaran, "Digital transformation strategy", Digital Health &
Care Institute, Glasgow, 2016, 见 https://strathprints. strath.ac.uk/64342/。

58. Pharoah, Marc., "Transforming change management with artificial in-
tetligence (AI)", April 9, 2018, 见 https://www.andchange.com/transforming-
change-management-artificial-intelligence-ai/。

59. "失败的变革会为未来的变革提供坚实的基础": Creasey, T. (n.d.), "The costs & risks of poorly managed change", 见 http://blog. prosci.com/the-costs-risks-of-poorly-managed-change。

60. Pharoah, Marc., "Transforming change management with artificial intetligence (AI)", April 9, 2018, 见 https://www.andchange.com/transforming-change-management-artificial-intelligence-ai/。

61. Nilsson, N. J., *The quest for artificial intelligence: A history of ideas and achievements*, Cambridge: Cambridge University Press, 2010.

62. Murphy, W., "The nomenclature of artificial intelligence", August 9, 2017, 见 https://www.intuitiveaccountant.com/people-and-business/the-nomen-clature-of-artificial-intelligence/#.WOecD9JKhPY。

63. Blons, E., "Change management in the era of artificial intelligence: Building trust through transparency and accountability", February 17, 2018, 见 https://www.linkedin.com/pulse/change-management- era-artificial-intelli-gence-building-blons/。

64. Kolbjornsrud, V., Amico, R., & Thomas, R. J., "How artificial intelli-gence will redefine management", November 2, 2016, 见 https://hbr.org/2016/11/how-artificial-intelligence-will-redefine-management。

第 10 章

错位生存

本书所聚焦的问题，是组织为接纳和适应数字时代技术而面临的变革管理挑战。书中以简单直白的方式阐述了"21 世纪技术接受者"以及"变革领导者"等概念。

所谓技术接受，是对经济学上"价格接受"概念的拟仿。后者是指小企业在市场上无替代选择，由市场决定该企业可接受的价格以及其运营的状况。与此类似，在数字时代，除了持续更新并彼此互联的技术之外，我们也别无选择。这些技术具有将流程、人员乃至组织去中介化，并同时构建全新更高效工作方式的潜能。而这些技术也需要其用户付出一定代价：要在数字时代生存，你就必须改变工作方式。

组织必须运用持续的变革管理，来掌控那些现代化的、外部界定的技术（如 SaaS，区块链，甚至互联网搜索）对其组织的可能影响。根据数字时代的界定，所谓变革管理，目的就是引导组织去接纳那些正在改变整个业界的技术，而不是对其视而不见；是去适应新的工作方式，而不是试图螳臂当车或一味要求定制。

## 在数字时代的错位之中生存

数字时代转型是一个新兴写作领域，许多作者对此也只是触及了整个挑战的某一方面。[1] 那些影响卓著的变革管理著作多是来自赋能时代，可能对当代技术已难以顾及。例如科特的不少著作所针对的都是过往的组织挑战。在《谁动了我的奶酪》（*Who Moved My Cheese*，1998）中，作者约翰逊（Johnson）和布兰查德（Blanchard）所关注的是个体行为。达丽尔·康纳（Daryl Conner）的《以变革的速度管理》（*Managing at the Speed of Change*，1992）则从流程的角度观察变革。阿尔文·托夫勒（Alvin Toffler）的《未来的冲击》（*Future Shock*，1970）则重点探讨整体环境。还有一些更新更贴近数字时代的，比如 2017 年福布斯观察（Forbes Insights）曾和甲骨文（Oracle）一道，试图对数字时代的人才管理加以审视。[2] 但是，多数针对数字及数字时代的书写仍由那些置身于急剧变化乃至正在消失行业的咨询人士所主导。[3]

多数变革及赋能时代转型领域作者所关注的是商业策略和技术能力的交叉作用。他们总是假定人员问题会以某种方式顺其自然地得到处理，而技术可被归入人员和流程之中。然而如今的情况是"构建和维护数字应用和运营所需的技术、流程和决策的绝对体量之大，意味着公司无法再用以往的方式工作"。[4]

现代技术所带来的流程具有全局适用，外部界定的特征，其已经代替了以往的内部规程。技术接受者必须认识到，技术已经

224

跃升到了行为改变三角的顶点（该三角由流程、人员和技术组成，是亟须变革管理的三大变革来源领域）。数字时代要求领导层采用全新策略方针，来接纳并适应这一独特技术潮流。

我们给出的接纳—适应策略矩阵中，共有四种方式来接纳和适应数字时代技术，分别是：制定者、接受者、修补者和定制者。技术接受策略呼吁领导者接纳数字时代技术，并改变自身行为，以发挥这些技术在互联性和数据流价值创造方面的独特优势。这一矩阵显示，为应对数字时代，也有其他可行策略，但对多数组织而言，技术接受无疑是最为可期的。如果实施其他策略，可能导致组织被去中介化。

我们所指的这些其他可行方法包括对所有的数字时代技术进行一番改造或干脆避而不用，只是满足于对赋能时代的陈旧技术抱残守缺，直至其彻底作古。或者，选择技术修补策略，反对一切改变，停留在过去时光中，让技术革新和变革管理均成为过眼云烟。那些真正与众不同的组织，也可以尝试技术制定策略，去发明下一个 Snapchat、Instagram 或开心农场（FarmVille），为虚拟世界带来又一场革命。不过，如果你的组织并不以开发下一代农场模拟游戏为使命，那么要在数字时代的错位之中生存，技术接受仍是最可行的策略。

## 技术接受策略的三个内涵

技术接受策略具有三重内涵：（1）致力于使用数字时代技

术，即使其增加了与外部利益相关者的竞争性互联；（2）改变组织流程以匹配所用技术；（3）要求作出行为改变，使管理决策基于数据流信息而得出。数字时代要求组织不断设法对那些由外部界定，并持续更新的技术加以接纳和适应。技术接受及其相应变革管理并非单一事件或项目。以技术接受为策略，就要针对技术的变化，不断重复进行变革管理。最终，这一策略将使组织完成更卓越的自身定位以创造价值。如果拒绝这一选项，就要在其他组织纷纷通过策略矩阵接纳和适应新技术的时候承受自身被去中介化的风险。

技术接受策略意味着体现并贯彻一种尽可能使用数字时代技术的偏好。如果某个组织接受了那些被多数组织所用的主流技术，其就不必浪费资源以试图对这些技术加以定制或个性化。[5]通过与其他组织共享工作流程，可以提升效率并创造价值。[6]组织承认在其专业领域之外并不能主导技术创新或成为技术制定者；其只是作为技术接受者，使用其他组织都在使用的那些技术。但是，通过将成本降至最低，并将价值水平提升至最高，组织及其管理者可以此贯彻自身独一无二的使命，从而展现自身领导能力。

要将组织现有的流程与选定技术所提供的流程相匹配，组织就应要求其所有员工基于数字时代技术来实施政策，执行规程。在成为技术接受者的道路上没有人能袖手旁观、置身事外，而组织对现代技术的使用应努力发挥其最大潜能。当然，技术接受并非单纯的业务或商业目的的同质化。组织自身的使命及其对市场的贡献仍应与其他组织有明显不同。但是，除非某个组织作为技术制定者，发明了市场中的主导技术，否则其势必无法通过对流程的内部规范来维持竞争优势。

技术接受者应基于云技术所产生的数据流中提炼出的信息来进行管理决策，而不是领导者的臆想或期望。在数字时代，我们通过对数据流的分析来发现价值，而不是通过流程再造。基于数据的战略规划可赋予领导者将自身组织与其他市场参与者进行对比的能力，并以此发展自身独特优势。这种数据的可比较性和流程的通用性也使得组织间合作互联成为可能。随着数据的优化，加之管理者具备相应技能，他们就能更好地作出决策，带来业务运营效率的提升和成本的降低。

## 五大战术构建变革良性循环

领导者应对数字时代技术所带来的行为改变循循善诱，并用其为组织创造价值。我们可用五个战术来构建一个变革良性循环。首先，组织应以自身可达到的最高水准为标杆，创立一个可持续的商业案例，并基于此案例将自身设想为一个数字时代组织。在对自身技术接受前景进行设想后，组织也需要获得相应支持，以为迎接数字时代做好准备。所谓治理，牵涉到的就是评估变革就绪度，并在结构化决策流程内部勾勒所规划的变革，并在组织的政策规程中以成文方式记录。下一步，领导者在拟订未来总体状况和技术接纳的特定计划后，需与组织利益相关者共同投身于变革，建立统一战线。之后，就是时候对员工进行教导培训，帮助他们接纳技术，改变行为。最后，我们需要对技术接受及行为改变的各个方面（设想、治理、投身及其他）进行衡量，以确定这些举措是否成功创造了价值。

我们拟定的战术尤为注重为技术接受者指出其如何帮助自身组织适应数字时代。这些战术与变革管理的古典方法截然不同。战术一中给出了一个全新主张，建立变革管理职能，帮助组织融入并利用数字时代革新。战术二则引入了一个被普遍忽视的环节，治理，作为引导和塑造技术接受的基础。战术三指出，要投身这一时代，就要摆脱对项目或单一事件的依赖心态。相反，领导者应发布明确训令支持对数字时代的技术接纳和适应，并赋权倡导者对这一信息加以响应和增幅。战术四中给出的观点是，无论数字时代技术被认为多么直观简单，仍要对员工加以培训来实现技术接纳。最后，战术五中认为，组织必须要求其管理者真正承担起相应职责，这就要求对其技术接受能力加以衡量，确保管理者有能力胜任其职位，并愿意适应技术时代。通过使用这些战术，可确保组织持续不断吸纳新技术，并通过对技术的行为适应来创造价值。

## 战术要点：不能脚踏"两条船"

战术一指出，没有人能够同时脚踏赋能时代和数字时代这"两条船"。赋能时代以项目方式实现技术接纳和适应，好像"一

228

局结束"式的比赛。相比之下，而数字时代则是一场组织持续变革管理的迭代游戏。

通过设立一个永久性的变革管理职能（CMF），可令其负责实施而非掌控组织的技术接受设想，并管理商业案例。这一案例正是针对技术接纳和行为适应的不间断循环特性而建立的。真正主导技术接受愿景与策略的，是领导者，而 CMF 则负责两个过程：基于稳健并持续更新的商业案例确保对数字时代技术的接纳，以及协调组织因为接受和使用新技术而发生的文化改变。

CMF 的构成要素包括项目团队和变革管理团队，这使其可以跳出传统项目方式，转而围绕技术实施提供变革支持。CMF 将由首席变革官（CCO）领导。CCO 作为行政团队的一员，有权在其组织推行技术接受策略。CCO 还可以引导组织，使其在采用何种数字时代技术以及具体如何适应等方面作出更好决策。

战术二中，我们注意到数字时代技术的成功实施有赖于支持性政策环境的营造和统一治理架构的搭建。组织的使命及变革策略应确保其政策可以促进而非阻碍变革步伐和员工对数字流程的运用。对组织风险的审视可帮助发现组织政策中的薄弱环节，从而制定为应对如今不断涌现的新挑战所需的新政策。

组织应该对一个单一主体赋予统管组织政策及规程的终极权威。具体的示例如政策委员会。通过其在政策规程指定修改中发挥的协调作用，便可确保数字时代全新体系的投入使用将支撑而不是违背组织的使命。政策委员会对政策与实施步骤的主导作用也有助于协调组织与 IT 治理之间的管理职责范围。

对现代技术的接纳，也为组织提供了一个机遇，来修改那些早已过时的政策，厘清过度累赘的规程要求。这种对政策和流程的合理化也减轻了员工的合规性负担，并降低了实施成本。但是，组织也应预见到这种程序简化可能遭遇的来自管理者群体的抗拒，因为后者的权力与专业地位正是基于对先前流程的掌控。

战术三中，我们呼吁通过积极参与和倡导来引导组织，比如探讨为何组织要实施技术接受策略，以及组织对技术时代技术的接纳会对员工造成何种影响等问题。改变组织文化，令其从抗拒行为与技术改变转为积极适应，这是身为倡导者的基本责任。要发挥其作用，倡导者需要以言语阐明技术接受策略。他们致力于倡导技术接受，发起行为改变，下令终止过时的流程，并呼唤组织全局性最佳范例的登场。

倡导者应在组织内以身作则，成为技术接受的模范。数字时代的倡导者，必须身兼技术接受者和现代变革管理者双重职责。倡导者通过运用自己支持的技术，促成组织对这一技术的接纳。他们也会改变自身行为，比如进行数据驱动型决策，管理信息，而不是试图改变人员和流程。技术接受的倡导者用自身的言行切实传达一个主旨，那就是组织中没人可以在这场成就技术接受的旅途中置身事外。

但是数字时代也会让倡导者感到殚精竭虑，因为变革永无终结之日，对变革加以倡导的需求亦然。因此，倡导者的工作必须得到组织各个层级中活跃的技术接受者的大力支持。身为技术接受者，就要积极拥护技术接纳与适应。这些拥护者可以向倡导者提出建言和忠告，激发后者积极性，同时也可以在自身影响的圈子里推动变革。

战术四中，我们强调组织可通过培训员工，使员工具备必需的技能来应对行为改变三角各个环节中的挑战。在技术的重要性超越内部流程和人员的过程中，培训将有助于提升成功可能。培训可让员工获得支撑其行为改变所需的心理和理性准备。

要成为数字时代的技术接受者，技术使用者自身也要通过培训来了解如何采用这些技术。包括培训和员工沟通这样的知识转移活动，可有效改变员工行为，帮助他们加深对全新技术决定性程序的理解。通过培训和沟通的种种努力，可让员工明确如何使用新流程，又在何时开始使用等问题。随后，应由行政层高管运用数字时代体系所产生的数据来衡量组织合规性，确保组织的效力效能足以令其贯彻自身使命。

培训也为组织提供了一个机会来吸引那些富有创新精神和适应能力的员工。如果组织不曾为员工学习尝试前沿技术留出空间，那么那些有创新精神的员工就会决定离开组织，另寻高就。时间一久，那些留下来的员工就变得安于现状，怠于革新。相反，技术接受者将被那些致力于持续学习并鼓励技术接受的组织所吸纳。

在最后的战术五中，我们要检验的是如何了解技术接受策略是否得到了如期执行？哪些迹象表明组织正在接纳技术，并迎合数字时代的要求？对这一策略的各个不同方面都需要加以衡量，并判断在付出如此努力后，是否创造出了对应的价值。而在变革管理职能主导下的组织尤其需要对管理者自身的技术接纳和适应情况加以衡量。

中层管理者是变革的主要阻碍。[7] 鉴于以合理方式运用数字时代技术所能带来的显著效能增益，这些管理者反对废除单项表格或实体签名之类的做法似乎是螳臂当车。但是恰恰是在这些微不足道的细节中，变革的阻力往往会负隅顽抗。组织必须衡量管理者在运用组织选定技术方面的能力、意愿和成就。

必须加以衡量的还有其反面：管理者弃用过时体系和陈旧行为的意愿。行为改变三角已表明，持续改变的技术已经凌驾于员工及其所用的定制流程之上。技术接受策略始终认为，没有人能够同时脚踩赋能时代和数字时代这"两条船"，或者同时横跨接纳—适应策略矩阵的两个象限。因此，如果已有全组织适用的数字时代流程，那管理者就不应自己再另立一套。而且，管理者也不可能同时使用新旧两套流程。我们必须迅速整体跃入数字时代，试图骑墙只会让自己被时代抛弃。

## 别被设备控制

数字时代的来临已是不争的事实，而技术接受便是对此最切实可行的应对之道。尽管要应对数字时代，也不是没有其他策略，如完全忽视技术，部分采纳技术，或者勉为其难地改变行为，但这些做法往往导致挫折失败，低经济回报和糟糕的使命达成。一个无法适应时代的组织，在市场上就会被那些紧跟潮流的组织取而代之。为了获得数字时代技术带来的收益，组织就不能傲慢地让技术对自己卑躬屈膝。相反，更为成功也更为愉悦的做法，是成为一个乐于接纳、勇于适应的技术接受者。

作为技术接受者，也要身兼永久性变革领导者的双重职责。数字时代的变化永不停歇，且速度与日俱增，这一形势正在呼唤一种新形式的变革领导力。变革项目不再是围绕某个具体要求的改变而建立，有着明确起点和终点的单一事件。技术接受者必须帮助其组织和身边同事掌握相应能力，去接受持续改变的事实。

技术接受型领导者须投入大量精力来设想并营造一种风气，鼓励员工利用现代化技术、新流程进行工作，并为此掌握相应技能。技术接受者始终选择全球标准技术，让自身业务流程迎合此类技术，并实施数据管理等策略，以此营造出全新的组织文化。这种文化将以善于接纳新观点，并针对当前风险与现实作出灵活应变为美德。

数字时代产生的数据流会带给技术接受者挑战，迫使他们去学习一种截然不同的管理方式。技术接受者可以基于所观察到的信息与设定目标的对比来进行决策。组织则可以将其他使用相同数字时代技术的对等企业作为自己的标杆。尽管有些组织可能仍对公布加工时间、政策合规、员工效率等类似数据心存疑虑，但既然成了技术接受者，就必须以透明公开为自身成长基础。

变革领导者会将这种对开放的热爱、对职责的承诺体现在工作的各个方面。他们对组织各个层级涌现的所有关于技术接纳与行为适应的想法大加鼓励。这一过程中，另一个重要角色就是业务流程专家（BPE），他们未必身处组织最高位，但必定是精通数字时代技术的个中高手，对组织适用哪些技术等问题持有重要观点。在如何缩短设想与实行之间的差距，消除员工与流程之间的隔阂等问题上，向 BPE 请教可说是明智之举。[8] BPE 可以向组织领导者阐明哪些新技术正在主导市场，采用这些技术对企业又有何益。而作为有能力驾驭数字时代的领导者，就应对这些技术展开研究、尝试，并将其应用到自己的组织中。

因此，技术接受者依赖技术和人来产生创意，他们以组织使命为指导，并以政策来推进变革。遵循技术接受策略的指导原则，就意味着技术接受者不会自己去界定组织的工作流程。作为技术接受者，对选择何种流程来推行政策，达成使命并创造价值，秉持一种不必知其所以然的态度。数字时代技术的使用者相信，他们选定的技术流程已经出类拔萃，组织再花时间试图对其进行重建或定制不过是徒劳无功的举动罢了。

而当技术接受者具有了这种观念，他们也会洞见自己的固有偏见和错误信念。你的工作真的有用吗？你的工作效率高吗？它是否合乎道德？或者，你使用新技术是否只是浪费时间精力？而数字时代技术所带来的数据流和互联性，有助于回答这些问题。

在面对数据时，苹果 CEO 蒂姆·库克（Tim Cook）曾惊讶于自己每天在 iPhone 的 APP 上所花的时间之多。[9] 随后他意识到自己对苹果设备的依赖太深；设备控制了他，而不是相反。[10] 在这一思路启迪下，库克如今准备借助新的苹果产品功能来改变自己的行为习惯，减少在设备上浪费的时间，这样才能有时间为苹果创造更多价值。

　　但需要谨记的是，数字时代数据流中的数据只是帮助人们去决策，技术目前并不能代替人去决策。先前曾有公司试图用人工智能应用来消除招聘过程中的人为偏见，此举引发业界一片欢呼雀跃。[11] 这些公司宣称其使用 AI 扫描简历和调查问卷，以发现候选人真实的优势和劣势，而不是用某些先天不可变的特征来歧视候选人。但是，一项技术其实本质上是其制造者的产品，会反映乃至强化那些制造出这一技术的人本身的偏见乃至歧视。[12] 将 AI 应用于招聘未必就能保证中立，甚至也可能加强偏见。[13] 如果算法基于有偏的数据来学会什么是"合适的"招聘，那么它就会作出有偏见的招聘决策。[14] 那些不了解所用技术的人，就会被蒙骗蛊惑，以至于相信技术可以修正人类的不足与缺陷；而事实上，技术不过是我们真实面目的映射而已。

　　没有什么管理决策能够仅仅基于某种算法得出。任何数字时代技术所产生的数据，可以为人的决策提供佐证，但是作出决定的是人而不是技术。身为技术接受者，可根据本书各个战术中的指导，为他们在数字时代必须作出的决策做好准备，达成一致，接受培训并获得支持。

## 每个人都能拥有属于自己的独一无二的汉堡

　　成为一名技术接受者，要付出巨大的努力，前路还往往充满风险。那么，领导者是否应该另觅他途呢？毕竟，技术接受者看起来就像一个狂热的预言者，对他人往往不屑一顾的方法技术死心塌地，忠贞不贰。如果某个组织在其接纳新技术或培养变革能力的过程中失败了，即便这并非技术接受者的错，他也一样会成为众矢之的，或者成为组织失败的替罪羊。

既然技术接受如此前途未卜，何必费力不讨好呢？选择当一个技术时代的补锅匠，或者干脆对时代变迁视而不见，岂不更好？对此，我们在此要给出的支持技术接受的最后一点理由，可能就是这一策略所能带来的最充裕市场选择，以及最可期待的乐趣吧。

我们一整代美国人都是伴随着麦当劳的“巨无霸之歌”成长的：“双层牛肉巨无霸，酱汁洋葱夹酱瓜，奶酪生菜配芝麻，人人吃到笑哈哈。”[15] 这首歌曲不仅是有效营销的经典案例，也明确给出了巨无霸的各个特征。巨无霸并不是定制产品；它配有特制酱汁，还有生菜、奶酪和腌黄瓜。理论上，你也可以不要洋葱，不过最后到手的汉堡可能多多少少还是会有一点洋葱，对此你也心里有数。没有什么牛油果浇头、菲达奶酪或是什么纯种西红柿；20世纪七八十年代可没人吃这些，更确切地说，众所周知巨无霸的配料单上没有这些。

进入数字时代后，麦当劳在餐厅里布置了触摸屏点餐设备，还有针对移动设备的点餐 APP。这些技术允许客户选择各种不同的巨无霸定制方法。[16] 你可以选择加点碎番茄粒，或者牛油果酱，或者培根、大蒜、哈瓦那牧场酱，或者白色切达奶酪（而不是一般"奶酪"），这些都行。其组合无穷无尽。一旦顾客订了一个独一无二的汉堡，麦当劳就会通过"优食派送"（UberEats）将这个巨无霸直接送到顾客家里。

如今的技术接受者已不再需要拘泥于用儿歌定义巨无霸，或者伏案处理文件之类的工作。借助数字时代的技术，接受者可以将自己从烦琐耗时的手工流程中解放出来，开启众多全新的选择。他可以关注众多全新沟通方式，与全球各地的人们互动，通过数据看看他们都说了些什么。

技术接受也是充满乐趣的。数字时代技术让学习使用的过程变得其乐无穷。真正学会使用一项新技术，可以让你从那些尚对该技术后知后觉的人中脱颖而出。比你周围的人多了解一点，这种"先知为快"的感觉也是颇为过瘾的。你会清楚地了解晚间新闻到底在说些什么，领悟到是什么力量在推动市场。这些技能很快会随着行业标准的确立而变得抢手，而其他人为了追赶你还在辛苦挣扎。而你则能够找到一个尊重和欣赏你的技术接受观念与能力的工作环境。

随着接纳全新的语言、习惯和观念，技术接受者们也开始形成自己的群体。可能你是自己组织里第一个技术接受者。但你很快就会找到第二个同道，然后是第三个，直至更多。你们会彼此交流共享自己对现代技术的兴趣和使用心得，并因在一个通常对变化充满敌意的环境中共同倡导变革而惺惺相惜。当前路让人倍感崎岖艰难时，技术接受的同行者可以彼此鼓励扶持，坚持初心，并成就长远的改变与成功。

与技术接受的志同道合者之间的互动，可以催生对变革乃至数字时代全新可能性的预判；这在心理上就和得到一部全新的iPhone手机一样令人兴奋。其带来的是对即将到来的技术驱动变革的希望，而不是怨恨。这一幕合唱由领导者开头，随后拥护者纷纷加入，汇成一个共同声音：我们是数字时代的技术接受者。

技术接受的魅力，最本质的应该说是其符合人的本性。其引人心动之处，就好像我们拿到了一个最新最棒的小玩意儿，造型精致让人忍不住细细把玩。谁不想要领先一步？成为技术接受者，你就能先他人一步窥探未来种种，在别人苦苦追赶之时已经将未来的变化尽数纳入掌握；成为技术接受者，你就能尽情体验那些在将来必将惠及所有人的科技魔法之奇妙。

那么，你还在等什么呢？

## 注释

1. Morakanyane, R., Grace, A., & Oreilly, P., "Conceptualizing digital transformation in business organizations: A systematic review of literature", *Digital Transformation From Connecting Things to Transforming Our Lives*, 2017, doi:10.18690/978-961-286-043-1.30.

2. Desmet, D., Loffler, M., & Weinberg, A., "Modernizing IT for a digital-era", September, 2016, 见 https://www.mckinsey.com/business-functions/digital-mckinsey/our-insights/modernizing-it-for-adigital-era?cid=eml-web。

3. 同上。

4. 同上。

5. "自适应或自动系统有望将这种（系统定制产生的）复杂性从人力转向软件自身，从而降低软件维持成本，提升系统效能，客户满意度等指标"：Lapouchnian, A., "Exploiting requirements variability for software customization and adaptation", 2011, 见 https://www.semanticscholar.org/paper/ExploitingRequirements-Variability-for-Software-Lapouchnian-Easterbrook/ae7b-c1bOf4a959ec4337771ee2532cf04e439994。

6. "关系特定的资源承诺（或对工作流程展开的合作）可建立共赢环境，让企业通过合作实现其潜在价值"：Wu, F., & Cavusgil, S. T., "Organizational learning, commitment, and joint value creation in interfirm relationships", *Journal of Business Research*, 2006, 59(1), 8189.doi:10.1016/j .jbusres.2005.03.005。

7. Noria Corporation，"Middle managers are biggest obstacle to lean enterprise", August 9, 2007, 见 https://www.reliableplant.com/Read/7751/middle-managers-lean。

8 . Ostrom, V., *The meaning of democracy and the vulnerabilities of democracies: A response to tocqueville's challenge*, 1997.

9. Cook, T., "Tim Cook reveals his tech habits: I use my pbone too much", June 4, 2018, 见 http://money.cnn.com/2018/06/04/technology/apple-tim-cook-screen-time/index.html。

10. 同上。

11. Wachter-Boettcher, S., "AI recruiting tools do not eliminate bias", October 25, 2017, 见 http://time.com/4993431/ai-recruiting-toolsdo-not-eliminate-bias/。

12. O'Neil, G. M., "Hiring algoritthms are not neutral", February 22, 2017, 见 https://hbr.org/2 016/12/hiring-algorithms-are-not-neutral。

13. Wachter-Boettcher, S., "AI recruiting toots do not eliminate bias", October 25, 2017, 见 http://time.com/4993431/ai-recruiting-toolsdo-not-eliminate-bias/。

14. O'Neil, G. M., "Hiring algorithms are not neutral", February 22,

2017, 见 https://hbr.org/2016/12/hiring-algorithms -are-not-neutral。

15. Clifford, S., "Remember '2 All-Beef Patties?' McDonatd's hopes you do", July 17, 2008, 见 https://www.nytimes.com/2008/07/17/business/media/17adco.html。

16. McDonald's (n.d.), "McDonald's Burgers: Hamburgers & cheeseburgers", 见 https://www.mcdonalds.com/us/en-us/full-menu/burgers.html。

# 参考文献

Accenture. (n.d.). Creating the best customer experience. Retrieved from https://www.accenture.com/us-en/interactive-index. Accessed on July 17, 2018.

ACHE Healthcare Executive. (2018). Competencies assessment tool. Research & Resources. Retrieved from https://www.ache.org/newclub/resource/competencies.cfm. Accessed on July 17, 2018.

Ahadi, H. (2004). An examination of the role of organizational enablers in business process reengineering and the impact of information technology. *Information Resources Management Journal*, 17(4), 1–19. doi:10.4018/irmj.2004100101.

Al-Badi, A., Tarhini, A., & Al-Kaaf, W. (2017). Financial incentives for adopting cloud computing in higher educational institutions. *Asian Social Science*, 13(4), 162. doi:10.5539/assv13n4p162.

Alexandre, A. (2018). Belgium contributes to world food programme blockchain project. *Cointelegraph*, April 21. Retrieved from https://cointelegraph.com/news/belgium-contributes-to-world-food-programme blockchain-project. Accessed on July 17, 2018.

Alsher, P. (2013, October 29). The CAST of characters for implementing organizational changes. IMA's implementing organizational changes at speed blog. Retrieved from https://www.imaworldwide. com/blog/bid/189157/The-CAST-of-Characters-for-Implementing-Organizational-Changes. Accessed on July 17, 2018.

American College of Health Executives. (2018). ACHE healthcare executive 2018 competencies assessment tool. American College of Health Executives. Retrieved from https://www.ache.org/newclub/resource/competencies.cfm. Accessed on July 17, 2018.

Anderson, H. C. (1949). *The emperor's new clothes*. Boston, MA: Houghton Mifflin Co.

Andriole, S. (2015). What C-suite executives need to know about digital strategy and emerging technologies. *Forbes*, October 08. Retrieved from https://www.forbes.com/sites/steveandriole/2015/10/07/analytics-iotsociallocation-security-how-to-all-get-along-a-note-to-c-s uiters/#dfbc646ab27a. Accessed on July 17, 2018.

Andriole, S. (2018). Implement first, ask questions later (or not at all). *MIT Sloan Management Review*, April 13. Retrieved from https://sloanreviewmit-edu.cdn.ampproject.org/c/s/sloanreview.mit.edu/article/implement-firstask-questions-later-or-not-at-all/amp. Accessed on July 17, 2018.

Anthony, S. (2014). First mover or fast follower? *Harvard Business Review*, July 23. Retrieved from https://hbr.org/2012/06/first-mover-orfast-Follower. Accessed on July 17, 2018.

Appian. (2018). Top 10 digital transformation trends for 2018. *Trade-Pub.com.* Retrieved from https://sf.tradepub.com/free/w_appf228/.Accessed on July 17, 2018.

Apple. (2017, December 28). A message to our customers. Apple. Retrieved from https://www.apple.com/iphone-battery-and-performance/. Accessed on July 17, 2018.

Armenakis, A. A., Harris, S. G., & Mossholder, K. W. (1993). Creating readiness for organizational change. *Human Relations*, 46(6), 681–703.doi:10.1177/001872679304600601.

AT&T Profile. (n.d.). AT&T Company Website. Retrieved from http://about.att.com/sites/company_profile. Accessed on July 17, 2018.

Avila, O., & Garc'es, K. (2016). Change management support to preserve business–information technology alignment. *Journal of Computer Information Systems*, 57(3), 218–228. doi:10.1080/08874417.20 16.1184006.

Barreau, D. (2001). The hidden costs of implementing and maintaining information systems. *The Bottom Line*, 14(4), 207–213. doi:10.1108/08880450110408481.

Beattie, A. (2018). Data protectionism: The growing menace to global business. *Financial Times*, May 13. Retrieved from https://www.ft.com/content/6f0f41e4-47de-11e8-8ee8-cae73aab7ccb. Accessed on July 17, 2018.

Beckley, A. M. (2015). How the cloud is changing the role of technology leaders. *Wired*, August 07. Retrieved from https://www. wired.com/insights/2013/09/how-the-cloud-is-changing-the-role-of-technologyleaders/. Accessed on July 17, 2018.

Benko, C., & Donovan, J. (2016). Inside AT&T's radical talent overhaul. *Harvard Business Review*, October 7. Retrieved from https:// hbr.org/2016/10/atts-talent-overhaul. Accessed on July 17, 2018.

Bezos, J. (1997). Letter to Shareholders. U.S. securities and exchange commission archives. Retrieved from https://www.sec.gov/ Archives/edgar/data/1018724/000119312518121161/d456916dex991. htm. Accessed on July 17, 2018.

Birkinshaw, J., & Heywood, S. (n.d.). Putting organizational complexity in its place. *McKinsey Insights*. Retrieved from https:// www.mckinsey.com/business-functions/organization/our-insights/putting-organizationalcomplexity-in-its-place. Accessed on July 17, 2018.

Blake, M. (2018). On disability, Twitter is better late than never. CNN, April 13. Retrieved from https://www.cnn.com/2018/04/13/ opinions/twitterchanges-terms-on-disability-blake-opinion/index.html. Accessed on July 17, 2018.

Blons, E. (2018, February 17). Change management in the era of artificial intelligence: Building trust through transparency and accountability. Linkedin Pulse. Retrieved from https://www.linkedin.com/ pulse/changemanagement-era-artificial-intelligence-building-blons/. Accessed on July 17, 2018.

Bolles, R. N. (1981). *Three boxes of life and how to get out of them*. Berkeley, CA: Ten Speed Press.

Bonnet, D. (2014). Convincing employees to use new technology. *Harvard Business Review*, November 14. Retrieved from https://hbr.org/2014/09/convincing-employees-to-use-new-technology. Accessed on July 17, 2018.

Boston Consulting Group. (n.d.). Digital transformation – Strategy for digitizing the business. Boston Consulting Group. Retrieved from https://www.bcg.com/capabilities/technology-digital/digital.aspx. Accessed on July 17, 2018.

Bridges, W. (2017). *Managing transitions: Making the most of change*. Boston, MA: Da Capo Lifelong Books.

Brothers, C. (2005). *Language and the pursuit of happiness: A new foundation for designing your life, your relationships & your results*. Naples, FL: New Possibilities Press.

Brown, S. A. (n.d.). A history of the bar code. Economic History Services. Retrieved from https://eh.net/encyclopedia/a-history-of-the-barcode/. Accessed on July 17, 2018.

Calaway, L. (2017, May 23). Sink the boats and burn the bridges! Expressworks. Retrieved from http://www.expressworks.com/share-pointadoption/sink-the-boats-and-burn-the-bridges. Accessed on July 17, 2018.

Caminiti, S. (2018). AT&T's $1 billion gambit: Retraining nearly half its workforce for jobs of the future. CNBC, March 13. Retrieved from https://www.cnbc.com/2018/03/13/atts-1-billion-gambit-retraining-nearlyhalf-itsworkforce.html. Accessed on July 17, 2018.

Campbell, A., Goold, M.,&Alexander, M. (1995). Corporate strategy: The quest for parenting advantage. *Harvard Business Review,* 73(2), 120–132.

Cannon, W. B. (1929). *Bodily changes in pain, hunger, fear and rage: An account of recent researches into the function of emotional excitement.* New York, NY: D. Appleton.

Cava, M. D., & Jones, C. (2016). For older CEOs, issue is knowing when to bow out. USA Today, April 22. Retrieved from https://www.usatoday.com/story/money/business/2016/04/19/older-ceos-issueknowingwhen-bow-out/83114728/. Accessed on July 17, 2018.

CBS News. (2014). Uber crunches user data to determine where the most "One-Night Stands" come from. *CBS News,* November 18. Retrieved from https://sanfrancisco.cbslocal.com/2014/11/18/uber-crunches-user-datatodetermine-where-the-most-one-night-stands-come-from/. Accessed onJuly 17, 2018.

CC Group. (n.d.). Agriculture blockchain technology. CC Group. Retrieved from https://ccgrouppr.com/practical-applications-of-block-chaintechnology/sectors/agriculture/. Accessed on July 17, 2018.

Charlotte Center City. (n.d.). Center City 2020 vision plan. Charlotte Center City. Retrieved from https://www.charlottecentercity.org/

centercityinitiatives-2/plans/2020-vision-plan/. Accessed on July 17, 2018.

Charlotte, North Carolina Population 2018. (2018, June 12). World Population Review. Retrieved from http://worldpopulationreview.com/uscities/charlotte-population/. Accessed on July 17, 2018.

Chatterjee, S. (2018). HSBC says performs first trade finance deal using single blockchain. *Reuters UK*, May 14. Retrieved from https://uk.reuters.com/article/uk-hsbc-blockchain/hsbc-says-performs-first-tradefinancetransaction-using-blockchain-idUK-KCN1IF03H. Accessed on July 17, 2018.

CHG. (2009, December 22). *Healthcare services placed among global elite corporate training programs.* New-Medical.net. CHG Healthcare Services placed among global elite corporate training programs.(2009, December 22). *New Medical.* Retrieved from https://www.newsmedical.net/news/20091222/CHG-Healthcare-Services-placed-amongglobal-elite-corporate-training-programs.aspx. Accessed on July 17, 2018.

Christensen, J. (2011, August). *The Decision to internally generate or outsource risk management activities.* Doctoral thesis, Bond University, Australia. Retrieved from https://epublications.bond.edu.au/cgi/viewcontent.cgi?article51095&context5theses. Accessed on July 17,2018.

Clarke, A. (2017). Digital government units: Origins, orthodoxy and critical considerations for public management theory and practice. SSRN Electronic Journal. p. 12. doi:10.2139/ssrn.3001188.

Clifford, S. (2008). Remember "2 All-Beef Patties?" McDonald's hopes you do. *The New York Times*, July 17. Retrieved from https://www.nytimes.com/2008/07/17/business/media/17adco.html. Accessed on July 17, 2018.

CNN Video. (2018). Confusing questions Congress asked Zuckerberg. CNN, April 11. Retrieved from https://www.cnn.com/videos/cnnmoney/2018/04/11/facebook-zuckerberg-confusing-questions-congresscnnmoneyorig.cnnmoney. Accessed on July 17, 2018.

Cohan, P. (2018). Apple: Warren Buffett's second big bad tech bet. Forbes, February 15. Retrieved from https://www.forbes.com/sites/petercohan/2018/02/15/apple-warren-buffetts-second-big-bad-tech-bet/#77b054e667ff. Accessed on July 17, 2018.

Conner, D. (2006). *Managing at the speed of change: How resilient managers succeed and prosper where others fail.* New York, NY: Random House.

Cook, T. (2018). Tim Cook reveals his tech habits: I use my phone too much. *CNN Money*, June 4. Retrieved from http://money.cnn.com/2018/06/04/technology/apple-tim-cook-screen-time/index.html. Accessed on July 17, 2018.

Cosgrove, E. (2017). Cargill invests in predictive Ag "Data Refinery" descartes labs' $30m Series B. *AGfunders News*, August 24.

Retrieved from https://agfundernews.com/descartes-raise.html. Accessed on July 17, 2018.

Cotula, L. (2013). The new enclosures? Polanyi, international investment law and the global land rush. *Third World Quarterly*, 34(9), 1605–1629. doi:10.1080/01436597.2013.843847.

Cox, T. (2008). The kitty site that's a phenomenon. *The Times*, October 21.Retrieved from https://www.thetimes.co.uk/article/the-kitty-sitethats-aphenomenon-5nh9bfpskzg. Accessed on July 17, 2018.

Creasey, T. (n.d.). The costs & risks of poorly managed change. Prosci Change Management Blog. Retrieved from http://blog.prosci.com/thecostsrisks-of-poorly-managed-change. Accessed on July 17, 2018.

Creasey, T. (n.d.). Latest data and key considerations for the CMO. Prosci Change Management Blog. Retrieved from http://blog.prosci.com/Latest-Data-and-Key-Considerations-for-the-CMO. Accessed on July 17, 2018.

Davies, H. (2015). Ted Cruz campaign using firm that harvested data on millions of unwitting Facebook users. *The Guardian*, December 11.Retrieved from https://www.theguardian.com/us-news/2015/dec/11/senator-ted-cruz-president-campaign-facebook-user-data. Accessed on July17, 2018.

Deloitte Development LLC. (2013). Boards and management teams –Illustrative governance operating model. Deloitte. Retrieved from https://www2.deloitte.com/content/dam/Deloitte/global/Documents/Financial-Services/dttl-fsi-US-FSI-Developinganeffectivegovernance-031913.pdf. Accessed on July 17, 2018.

Desmet, D., Löffler, M., & Weinberg, A. (2016). Modernizing IT for a digital-era. *McKinsey Insights*, September. Retrieved from https://www.mckinsey.com/business-functions/digital-mckinsey/our-insights/modernizing-it-for-a-digital-era?cid5eml-web. Accessed on July 17, 2018.

Dewnarain, G., O'Connell, D., & Gotta, M. (2017, October 6). SWOT: Slack, Worldwide. Gartner. Retrieved from https://www.gartner.com/doc/reprints?id51-4K5I75F&ct5171108&st5sb. Accessed on July 17, 2018.

Dickens, C. (1859). *A tale of two cities*. London: Chapman & Hall.

Draznin, H. (2017). Jimmy Choo Co-Founder: "Society is better off when women earn equal" . *CNN Money,* June 30. Retrieved from http://money.cnn.com/2017/06/30/smallbusiness/tamara-mellon-jimmy-choo/index.html. Accessed on July 17, 2018.

Drucker, P. (n.d.). Wikipedia Encyclopedia. Retrieved from https://en.wikipedia.org/wiki/Peter_Drucker. Accessed on July 17, 2018.

Dunleavy, P., Bastow, S., Margetts, H., & Tinkler, J. (2006). *Digital era governance*. Oxford: Oxford University Press.

Dunn, L. E. (2017). Women in business Q&A: Tamara mellon. *Huffington Post*, June 05. Retrieved from https://www.huffingtonpost.com/entry/women-in-business-qa-tamara-mellon_us_59357964e4b-0f33414194bf4. Accessed on July 17, 2018.

Eadicicco, L., Peckham, M., Patrick Pullen, J., & Fitzpatrick, A. (2017).TIME's 20 most successful technology failures of all time. *Time*, April 03.Retrieved from http://time.com/4704250/mostsuccessful-technology-techfailures-gadgets-flops-bombs-fails/. Accessed on July 17, 2018.

Eccles, R. G. (1991). The performance measurement Manifesto. *Harvard Business Review*, 69(1), 131–137.

Elton, J., & Roe, J. (1998). Bringing discipline to project management. *Harvard Business Review*, 76(2), 153–160.

Eshet-Alkalai, Y. (2009). A holistic model of thinking skills in the digital era. In *Encyclopedia of distance learning* (2nd ed., pp. 1088–1093). The Open University of Israel, Israel. doi:10.4018/978-1-60566-198-8.ch154.

Everett, C. (2017). How culture change has to underpin success in digital transformation. *Computer Weekly*, January 19. Retrieved from https://www.computerweekly.com/feature/How-culture-change-has-tounderpin-success-in-digital-transformation. Accessed on July 17, 2018.

Ewenstein, B., Smith, W., & Sologar, A. (2015). Changing change management. *McKinsey Insights*, July. Retrieved from https://www. mckinsey.com/featured-insights/leadership/changing-change-management. Accessed on July 17, 2018.

Facebook and the meaning of share ownership. (2017). *The Economist*, September 30. Retrieved from https://www.economist.com/ business/2017/09/30/facebook-and-the-meaning-of-share-ownership. Accessed on July 17, 2018.

Farnel, F. (1994). *Lobbying: Strategies and techniques of intervention*. Paris: Editions d'Organisation.

Fisher, M. (1991). *The millionaire's book of quotations*. London: Thorsons.

Flanding, J., & Grabman, G. (2016). Change management in the cloud: The case for digital era governance. Presented at Cutter Summit: Unlock Digital Transformation, Cambridge, MA.

Foss, N. J., & Lindenberg, S. (2013). Microfoundations for strategy: A goal-framing perspective on the drivers of value creation. *Academy of Management Perspectives*, 27(2), 85–102. doi:10.5465/ amp.2012.0103.

Fowler, G. A. (2018). What if we paid for Facebook – Instead of letting it spy on us for free? *The Washington Post*, April 05. Retrieved from https://www.washingtonpost.com/news/the-switch/ wp/2018/04/05/what-ifwepaid-for-facebook-instead-of-letting-it-spy-on-us-for-free/. Accessed on July 17, 2018.

Freifeld, L. (2013, October 22). L&D best practices: Technology and technical development. Retrieved from https://trainingmag.com/content/ldbest-practices-technology-and-technical-development. Accessed on July 17, 2018.

Fruhlinger, J., & Wailgum, T. (2017). 15 famous ERP disasters, dustups and disappointments. CIO, July 10. Retrieved from https://www.cio.com/article/2429865/enterprise-resource-planning/enterpriseresource-planning-10-famous-erp-disasters-dustups-anddisappointments.html. Accessed on July 17, 2018.

Fuller, L., & Smith, V. (1991). Consumers reports: Management by customers in a changing economy. *Work, Employment and Society,* 5(1), 1–16. doi:10.1177/0950017091005001002.

Galang, J. (2016, July 14). Calgary-born Robert Opp leading UN World Food Programme's new innovation division. Retrieved from https://betakit.com/calgary-born-robert-opp-leading-un-world-food-programmesnew-innovation-division/. Accessed on July 17,2018.

Gavett, G. (2016). How self-service kiosks are changing customer behavior. *Harvard Business Review*, August 04. Retrieved from https://hbr.org/2015/03/how-self-service-kiosks-are-changing-customer-behavior. Accessed on July 17, 2018.

Glon, R. (2017, October 22). How does Uber work? Here's how the app lets you ride, drive, or both. DigitalTrends.com. Retrieved from https://www.digitaltrends.com/cars/how-does-uber-work/. Accessed on July 17,2018.

Gofore. (2017, December 18). Without risk there is no innovation.Retrieved from https://gofore.com/en/without-risk-no-innovation/. Accessed on July 17, 2018.

Goodall, M. B., Buckingham, M., & Ashkenas, R. (2015). Reinventing performance management. *Harvard Business Review*, November 16. Retrieved from https://hbr.org/2015/04/reinventing-performance-management. Accessed on July 17, 2018.

Goran, J., LaBerge, L., & Srinivasan, R. (n.d.). Culture for a digital age. *McKinsey Insights*. Retrieved from https://www.mckinsey.com/businessfunctions/digital-mckinsey/our-insights/culture-for-a-digital-age. Accessed on July 17, 2018.

Graham-Harrison, E., & Cadwalladr, C. (2018). Revealed: 50 million Facebook profiles harvested for Cambridge Analytica in major data breach. *The Guardian*, March 17. Retrieved from https://www.theguardian.com/news/2018/mar/17/cambridge-analytica-facebook-influence-us-election. Accessed on July 17, 2018.

Greene, J. A., & Kesselheim, A. S. (2010). Pharmaceutical marketing and the new social media. *New England Journal of Medicine*, 363(22), 2087–2089. doi:10.1056/nejmp1004986.

Grzinich, J. C., Thompson, J. H., & Sentovich, M. F. (1997). Implementation of an integrated product development process for systems. In *Proceedings of Innovation in Technology Management. The Key to Global Leadership.* PICMET'97, IEEE: Portland, OR. doi:10.1109/PICMET.1997.653448.

Guidestar.org. (n.d.). African Mothers health initiative. Retrieved from https://www.guidestar.org/profile/26-0423197. Accessed on July 17, 2018.

Günther, W. A., Mehrizi, M. H., Huysman, M., & Feldberg, F. (2017). Debating big data: A literature review on realizing value from big data. *The Journal of Strategic Information Systems*, 26(3), 191–209. doi:10.1016/j.jsis.2017.07.003.

Haas, J. B. (2016). Increase your return on failure. *Harvard Business Review*, May 10. Retrieved from https://hbr.org/2016/05/increase-yourreturn-on-failure. Accessed on July 17, 2018.

Hall, B. H., & Khan, B. (2002, November). Adoption of new technology. Retrieved from https://eml.berkeley.edu/;bhhall/papers/HallKhan03%20diffusion.pdf. Accessed on July 17, 2018.

Haendly, M. (2016, April 26). 5 tangible benefits of digital transformation. Retrieved fromhttps://sapinsider.wispubs.com/Assets/Articles/2016/April/SPI-5-Tangible-Benefits-of-Digital-Transformation. Accessed on July 17, 2018.

Hammer, M., & Champy, J. (2009). *Re-engineering the corporation.* New York, NY: HarperCollins.

Hankin, A. (2018, June 28). 9 companies Amazon is killing. Retrieved from https://www.investopedia.com/news/5-companiesama-zon-killing/. Accessed on July 17, 2018.

Hannam, K. (2017). GE wants to know why former CEO Jeff Immelt traveled the world with a spare jet. *Fortune*, December 13. Retrieved from http://fortune.com/2017/12/13/ge-investigation-jeff-immelt-spare-jet/. Accessed on July 17, 2018.

Harnessing the energy of change champions. (n.d.). The Clemmer Group. Retrieved from https://www.clemmergroup.com/articles/har-nessing-energychange-champions. Accessed on July 17, 2018.

Harvard Business Review Staff. (2016). The four phases of project management. *The Harvard Review*, November 03. Retrieved from https://hbr.org/2016/11/the-four-phases-of-project-management. Accessed on July 17, 2018.

Heath, A. (2017). Facebook has a new mission statement: "To bring the world closer together". *Business Insider*, June 22. Retrieved from http://www.businessinsider.com/new-facebook-mission-state-ment-2017-6. Accessed on July 17, 2018.

Heng, Y., & Aljunied, S. M. A. (2015). Can small states be more than price takers in global governance? *Global Governance*, 21(3), 435.

Herger, M. (2006, June 4). What is a business process expert, really? Retrieved from https://blogs.sap.com/2006/06/04/what-is-a-busi-nessprocess-expert-really/. Accessed on July 17, 2018.

Hern, A. (2014). Uber investigates top executive after journalist's privacy was breached. *The Guardian*, November 19. Retrieved from https://www.theguardian.com/technology/2014/nov/19/uber-investi-gates-topexecutive-after-journalists-privacy-was-breached. Accessed on July 17, 2018.

Hirt, M., & Willmott, P. (2014). Strategic principles for compet-ing in the digital era. *McKinsey Insights*, May. Retrieved from https://www.mckinsey.com/business-functions/strategy-and-corporate-fi-nance/ourinsights/strategic-principles-for-competing-in-the-digi-tal-age. Accessed on July 17, 2018.

Hopkins, J. (2017). Millennial managers: A guide for successful management. Forbes, July 10. Retrieved from https://www.forbes.com/sites/jamiehopkins/2017/07/08/millennials-managers-a-guide-for-suc-cessfulmanagement/#34ec6a6e2ac3. Accessed on July 17, 2018.

Hsu, T., & Kang, C. (2018). Demands grow for Facebook to ex-plain its privacy policies. *The New York Times*, March 26. Retrieved from https://www.nytimes.com/2018/03/26/technology/ftc-face-book-investigation cambridge-analytica.html. Accessed on July 17, 2018.

Hunt, E., & Banaji, M. R. (1988). The Whorfian hypothesis re-visited: A cognitive science view of linguistic and cultural effects on thought. *Indigenous Cognition: Functioning in Cultural Context*, 41, 57–84. doi:10.1007/978-94-009-2778-0_5.

Institute of Risk Management. (n.d.). Our story. Retrieved from https://www.theirm.org/about/our-story.aspx. Accessed on July 17, 2018.

International Organization for Standardization. (2009, November). *Risk management – Principles and guidelines.* Retrieved from https://www.iso.org/standard/43170.html. Accessed on July 17, 2018.

Irrera, A. (2017). Banks scramble to fix old systems as IT "cowboys" ride into sunset. *Reuters*, April 10. Retrieved from https://www.reuters.com/article/us-usa-banks-cobol/banks-scramble-to-fix-old-systems-asitcowboys-ride-into-sunset-idUSKBN17C0D8. Accessed on July 17, 2018.

Jackson, H. L. (2015). The hard side of change management. *Harvard Business Review*, July 13. Retrieved from https://hbr.org/2005/10/thehardside-of-change-management. Accessed on July 17, 2018.

Jain, A., & Beale, A. (2017). Developing a business case for digital investments in health and social care. *International Journal of Integrated Care*, 17(5), 316. doi:10.5334/ijic.3633.

Järild, A. (n.d.).Howdigital disintermediation is disrupting food and financial advice. Retrieved from https://blog.thinque.com.au/how-digital-disintermediation-is-disrupting-food-andfinancial-advice. Accessed on July 17, 2018.

Javan, J. (2018). Share knowledge for learning, not marketing.

UN Staff System College Blog. Retrieved from http://www.unssc.org/
news-andinsights/blog/share-knowledge-learning-not-marketing/. Ac-
cessed on July 17, 2018.

Johansson, A. (2015, August 20). FOMO marketing in the age of
social media. Retrieved from https://www.relevance.com/fomo-mar-
keting-intheage-of-social-media/. Accessed on July 17, 2018.

Kantor, J., & Streitfeld, D. (2015). Inside Amazon: Wrestling
big ideas in a bruising workplace. *The New York Times*, August 15.
Retrieved from https://www.nytimes.com/2015/08/16/technology/
inside-amazon-wrestlingbig-ideas-in-a-bruising-workplace.html. Ac-
cessed on July 17, 2018.

Kaufman, L. (2014). Chasing their star, on YouTube. *The
New York Times*, February 1. Retrieved from https://www.nytimes.
com/2014/02/02/business/chasing-their-star-on-youtube.html. Ac-
cessed on July 17, 2018.

Keller, S., & Aiken, C. (2009). *The inconvenient truth about
change management*. New York, NY: McKinsey & Company. Re-
trieved from http://www.aascu.org/corporatepartnership/McKinseyRe-
port2.pdf. Accessed on July 17, 2018.

Kenny, G. (2018). Your strategic plans probably aren't strategic,
or even plans. *Harvard Business Review*, April 30. Retrieved from
https://hbr.org/2018/04/your-strategic-plans-probably-arent-strate-
gic-or-evenplans. Accessed on July 17, 2018.

Kim, K., Jung, S., Hwang, J., & Hong, A. (2017). A dynamic framework for analyzing technology standardisation using network analysis and game theory. *Technology Analysis & Strategic Management*, 30(5), 540–555. doi:10.1080/09537325.2017.1340639.

Knol, W. H. C., & Stroeken, J. H. M. (2001). The diffusion and adaption of information technology in small and medium sized enterprises through IT scenarios. *Technology Analysis & Strategic Management*, 13(2), 227–246. doi:10.1080/09537320123815.

Knowles, M. S., Holton, E. F., & Swanson, R. A. (2015). *The adult learner: The definitive classic in adult education and human resource development.* Abingdon: Routledge.

Kolbjornsrud, V., Amico, R., & Thomas, R. J. (2016). How artificial intelligence will redefine management. *Harvard Business Review*, November 2. Retrieved from https://hbr.org/2016/11/how-artificial-intelligence-willredefine-management. Accessed on July 17, 2018.

Kopp, R. (n.d.). Defining Nemawashi. Retrieved from http://www.japanintercultural.com/en/news/default.aspx?newsID5234. Accessed on July 17, 2018.

Kotter, J. P. (1995). Leading change: Why transformation efforts fail. *Harvard Business Review*, 73(2), 59–67.

Kotter, J. P. (1996). *Leading change.* Boston, MA: Harvard Business School Press.

Kotter, J. P. (2007). Leading change: Why transformation efforts fail. *Harvard Business Review*, January. Retrieved from https://hbr. org/2007/01/leading-change-why-transformation-efforts-fail. Accessed on July 17,2018.

Kouzes, J. M., & Posner, B. (2009). To lead, create a shared vision. *Harvard Business Review*, January. Retrieved from https://hbr. org/2009/01/tolead-create-a-shared-vision. Accessed on July 17, 2018.

Kroc, R., & Anderson, R. (1987). *Grinding it out: The making of McDonald's*. London: St. Martin's Griffin.

Kupersmith, K., Mulvey, P., & McGoey, K. (n.d.). How to write a cost/benefit analysis for a business case. Retrieved from https://www. dummies.com/business/business-strategy/how-to-write-a-costbenefita-nalysis-for-abusiness-case/. Accessed on July 17, 2018.

Lally, P., van Jaarsveld, C. H. M., Potts, H. W. W., Wardle, J. (2009). How are habits formed: Modelling habit formation in the real world. *European Journal of Social Psychology*, 40(6), 998–1009. doi:10.1002/ejsp.674.

Lambert, F. (2018, May 31). Tesla Model 3 stopping distance improvements confirmed in new test, Musk says UI/ride comfort improvements coming. Retrieved from https://electrek.co/2018/05/30/ tesla-model-3-stopping-distance-improvements-new-test-ui-ride-com-fortroad-noise/.Accessed on July 17, 2018.

Lapouchnian, A. (2011, June 01). Exploiting requirements variability for software customization and adaptation. Doctoral thesis,

University of Totonto, Toronto, ON. Retrieved from https://tspace. library.utoronto.ca/handle/1807/27586. Accessed on July 17, 2018.

Lattuch, F., & Seifert, A. (2014). Insights from change management consulting: Linking the hard and soft side of change with heuristics. In *Management of permanent change* (pp. 177–194). New York, NY: Springer.

Lawrynuik, S. (2018). Albertan born on a grain farm to rethink how World Food Programme's humanitarian aid is delivered. *CBC News*, January 3. Retrieved from http://www.cbc.ca/news/canada/calgary/robertopp-world-food-progamme-innovation-alberta-1.4471461. Accessed on July 17, 2018.

Lawson, E., & Price, C. (2003). The psychology of change management. *McKinsey Insights*, June. Retrieved from https://www.mckinsey.com/business-functions/organization/our-insights/the-psychology-ofchangemanagement.Accessed on July 17, 2018.

Leary, K. (2018). The verdict is in: AI outperforms human lawyers in reviewing legal documents. *Futurism*, February 27. Retrieved from https://futurism.com/ai-contracts-lawyers-lawgeex/. Accessed on July 17, 2018.

Lessick, S., & Kraft, M. (2017). Facing reality: The growth of virtual reality and health sciences libraries. *Journal of The Medical Library Association,* 105(4), 407–417. doi:10.5195/jmla.2017.329.

Levin, M. (2017). Why great leaders (Like Richard Branson)

inspire instead of motivate. *Inc.*, March 30. Retrieved from https://www.inc.com/marissalevin/why-great-leaders-like-richard-branson-inspire-instead-ofmotivate.htm. Accessed on July 17, 2018.

Levy, A. (2018). Amazon's sellers are going global, helping the company generate big profits. *CNBC*, April 27. Retrieved from https://www.cnbc.com/2018/04/26/amazon-25-percent-of-third-party-sales-came-fromglobalsellers.html. Accessed on July 17, 2018.

Lewin, K. (1935). *A dynamic theory of personality.* New York, NY: McGraw-Hill.

Lewin, K. (1936). *Principles of topological psychology.* New York, NY: McGraw-Hill.

Likierman, A. (2009). The five traps of performance measurement. *Harvard Business Review*, 87(10), 96–101.

Lim, C. (2018). From data to value: A nine-factor framework for databased value creation in information-intensive services. *International Journal of Information Management*, 39, 121–135.

Lipman, V. (2018). Why employee development is important, neglected and can cost you talent. *Forbes*, January 29. Retrieved from https://www.forbes.com/sites/victorlipman/2013/01/29/why-development-planningisimportant-neglected-and-can-cost-you-young-talent/#7513ed86f633. Accessed on July 17, 2018.

Louisot, J., & Ketcham, C. H. (2014). *ERM enterprise risk management: Issues and cases.* Chichester: John Wiley & Sons.

Luo, J. S., Hilty, D. M., Worley, L. L., & Yager, J. (2006). Considerations in change management related to technology. *Academic Psychiatry*, 30(6), 465–469. doi:10.1176/appi.ap.30.6.465.

Mahoney, J. T., & Kor, Y. Y. (2015). Advancing the human capital perspective on value creation by joining capabilities and governance approaches. *Academy of Management Perspectives*, 29(3), 296–308. doi:10.5465/amp.2014.0151.

Managing change: How law firms are answering the wake-up call. (2009, July/August). *Law Practice*, 35(5), 32. Retrieved from https://www.americanbar.org/publications/law_practice_home/law_practice_archive/lpm_magazine_articles_v35_is5_pg32.html. Accessed on July 17, 2018.

Marr, B. (2016). Big data at Tesco: Real time analytics at the UK grocery retail giant. *Forbes*, November 17. Retrieved from https://www.forbes.com/sites/bernardmarr/2016/11/17/bigdata-at-tesco-real-timeanalytics-at-the-uk-grocery-retail-giant/3/#1d6afed51333. Accessed on July 17, 2018.

Marshall, A. (2017). Will Tesla's automated truck kill trucking jobs? *Wired*, November 17. Retrieved from https://www.wired.com/story/whatdoes-teslas-truck-mean-for-truckers/. Accessed on July 17, 2018.

Martin, B. L. (1995). The end of delegation? Information technology and the CEO. *Harvard Business Review*, 73(5), 161–172.

Mastrangelo, P. M., Prochaska, J., & Prochaska, J. (2008). How people change: The transtheoretical model of behavior change. Master's Tutorial at the 23rd Annual Conference of the Society for Industrial and Organizational Psychology. San Francisco, CA.

McDonald's. (n.d.). McDonald's burgers: Hamburgers & cheeseburgers. Retrieved from https://www.mcdonalds.com/us/en-us/full-menu/burgers.html. Accessed on July 17, 2018.

McFarlan, F. W., & Nolan, R. L. (2003, August 25). Why IT does matter. Business School. Retrieved from https://hbswk.hbs.edu/item/why-itdoesmatter. Accessed on July 17, 2018.

Meffert, J., & Swaminathan, A. (2017). Management's next frontier: Making the most of the ecosystem economy. *McKinsey Insights*, October. Retrieved from https://www.mckinsey.com/business-functions/digitalmckinsey/our-insights/managements-next-frontier. Accessed on July 17, 2018.

Merzenich, M. M. (2013). *Soft-wired: How the new science of brain plasticity can change your life.* San Francisco, CA: Parnassus.

Messina, C. (2017, May 30). The UN Leadership Framework: A catalyst for culture change at the UN. UN Staff System College Blog. Retrieved from http://www.unssc.org/news-and-insights/blog/unleadershipframework-catalyst-culture-change-un/. Accessed on July 17, 2018.

Michie, l., Balaam, M., McCarthy, J., Osadchiy, T., & Morrissey,

K. (2018). From her story, to our story. In *Proceedings of the 2018 CHI Conference on Human Factors in Computing Systems – CHI 18*: Montreal, QC. doi:10.1145/3173574.31739.

Miller, A. P., Lewis, S., & Waites, T. (2018). Essentials of advocacy. *Journal of the American College of Cardiology*, 71(22), 2598–2600.

Mind Content Tools Team. (n.d.). Porter's five forces: Understanding competitive forces to maximize profitability. Retrieved from https://www.mindtools.-com/pages/article/newTMC_08.htm. Accessed on July 17, 2018.

Mingardon, S., Wolfgang, M., Keenan, P., Krief, A., Doust, A., & Adida, F. (2017, August 09). Digital-era change runs on people power. BCG: The New New Way of Working Series. Retrieved from https://www.bcg.com/encl/publications/2017/change-managementorganization-digital-erachange-runs-people-power.aspx. Accessed on July 17, 2018.

Mintzberg, H. (1994). The fall and rise of strategic planning. *Harvard Business Review*, 72(1), 107–114.

Miriovsky, B. J., Shulman, L. N., & Abernethy, A. P. (2012). Importance of health information technology, electronic health records, and continuously aggregating data to comparative effectiveness research and learning health care. *Journal of Clinical Oncology*, 30(34), 4243–4248. doi:10.1200/jco.2012.42.8011.

Mitra, A., Oregan, N., & Sarpong, D. (2018). Cloud resource adaptation: A resource-based perspective on value creation for corporate growth. *Technological Forecasting and Social Change*, 130, 28–38. doi:10.1016/j.techfore.2017.08.012.

Morakanyane, R., Grace, A., & O'Reilly, P. (2017). Conceptualizing digital transformation in business organizations: A systematic review of literature. *BLED 2017 Proceedings*, 21, 2–3.

Morris, P. W. (2011, February). *Brief history of project management.* Oxford: Oxford University Press. Retrieved from http://www.oxfordhandbooks.com/view/10.1093/oxfordhb/9780199563142.001.0001/oxfordhb-9780199563142-e-2. Accessed on July 17, 2018.

Morrison, C. (2016). *Digital transformation strategy.* Glasgow: Digital Health & Care Institute. Retrieved from https://strathprints.strath.ac.uk/64342/. Accessed on July 17, 2018.

Murphy, W. (2017, August 09). The nomenclature of artificial intelligence. Retrieved from https://www.intuitiveaccountant.com/peopleand-business/the-nomenclature-of-artificial-intelligence/#.W0ecD-9JKhPY. Accessed on July 17, 2018.

Myrick, J. G. (2015). Emotion regulation, procrastination, and watching cat videos online: Who watches internet cats, why, and to what effect? *Computers in Human Behavior*, 52, 168–176. doi:10.1016/j.chb.2015.06.001.

Nadler, D., Shaw, R. B., & Walton, A. E. (1995). *Discontinuous change: Leading organizational transformation*. San Francisco, CA: Jossey-Bass.

National Research Council. (1999). *Being fluent with information technology*. Washington, DC: National Academies Press. https://doi.org/10.17226/6482.

Nelson, L. J. (2016). Uber and Lyft have devastated L.A.'s taxi industry, city records show. *LA Times*, April 14. Retrieved from http://www.latimes.com/local/lanow/la-me-ln-uber-lyft-taxis-la-20160413-story.html.Accessed on July 17, 2018.

Net Market Share. (n.d.). Search engine market share. Retrieved from https://www.netmarketshare.com/search-engine-market-share.aspx. Accessed on July 17, 2018.

Netburn, D. (2011). Talking twin babies, Nyan cat among you-tube's top videos of 2011. *LA Times Blog*, December 20. Retrieved from http://latimesblogs.latimes.com/technology/2011/12/talking-twin-babiesnyan-catand-friday-top-youtubes-most-watched-videos-of-2011.html. Accessed on July 17, 2018.

Ng, S., Holm, E., & Ante, S. E. (2011). Buffett bets $10. 7 billion in biggest tech foray. *The Wall Street Journal*, November 15. Retrieved from https://www.wsj.com/articles/SB10001424052970204323904577037742077676 990. Accessed on July 17, 2018.

Nicas, J. (2018). They tried to Boycott Facebook, Apple and Google. They failed. *The New York Times*, April 01. Retrieved from https://www.nytimes.com/2018/04/01/business/boycott-facebook-apple-google-failed.html. Accessed on July 17, 2018.

Nilsson, N. J. (2010). *The quest for artificial intelligence: A history of ideas and achievements*. Cambridge: Cambridge University Press.

Niven, P. R. (2010). *Balanced scorecard step-by-step*: Maximizing performance and maintaining results. Hoboken, NJ: John Wiley & Sons.

Nocera, J. (2018, May 18). Wells Fargo has shown us its contemptible values. Bloomberg. Retrieved from https://www.bloomberg.com/view/articles/2018-05-18/wells-fargo-has-shown-its-customers-its-true-valuesjoenocera. Accessed on July 17, 2018.

Noria Corporation. (2007, August 09). Middle managers are biggest obstacle to lean enterprise. Retrieved from https://www.reliableplant.com/Read/7751/middle-managers-lean. Accessed on July 17, 2018.

O'Connor, G. C., Corbett, A. C., & Peters, L. S. (2018). *Beyond the champion: Institutionalizing innovation through people*. Stanford, CA: Stanford Business Books, an imprint of Stanford University Press.

O'Neil, G. M. (2017). Hiring algorithms are not neutral. *Harvard Business Review*, February 22. Retrieved from https://hbr.org/2016/12/

hiringalgorithms-are-not-neutral. Accessed on July 17, 2018.

Oracle. Oracle Big Data. (n.d.). Oracle. Retrieved from https://www.oracle.com/big-data/guide/what-is-big-data.html. Accessed on July 17, 2018.

Ostherr, K. (2018). Facebook knows a ton about your health. Now they want to make money off it. *The Washington Post*, April 18. Retrieved from https://www.washingtonpost.com/news/posteverything/wp/2018/04/18/facebook-knows-a-ton-about-your-health-now-they-want-to-makemoneyoff-it/. Accessed on July 17, 2018.

Ostrom, V. (1997). *The meaning of democracy and the vulnerabilities of democracies: A response to Tocqueville's challenge.* Ann Arbor, MI: University of Michigan Press.

Panorama. (2018, May 02). The case for and against ERP customization. Retrieved from https://www.panoramaconsulting.com/the-case-for-andagainst-erp-customization/. Accessed on July 17, 2018.

Panorama. (n.d.). Why a business case is key to your digital transformation. Digital Transformation. Retrieved from https://www.panoramaconsulting.com/why-a-business-case-is-key-to-your-digitaltransformation/. Accessed on July 17, 2018.

Pastin, M. (2018). The surprise ethics lesson of Wells Fargo. *Huffington Post*, January 21. Retrieved from https://www.huffingtonpost.com/markpastin/the-surprise-ethics-lesson_b_14041918.html.

Accessed on July 17, 2018.

Perry, D. (2014). Sex and Uber's "Rides of Glory": The company tracks your one-night stands – and much more. *The Oregonian*, November 20. Retrieved from http://www.oregonlive.com/today/index. ssf/2014/11/sex_-the_single_girl_and_ubers.html. Accessed on July 17, 2018.

Peterson, H. (2017). McDonald's shoots down fears it is planning to replace cashiers with kiosks. *Business Insider*, June 23. Retrieved fromhttp://www.businessinsider.com/what-self-serve-kiosks-at-mc-donaldsmeanfor-cashiers-2017-6. Accessed on July 17, 2018.

Pharoah, M. (2018, April 9). Transforming change management with artificial intelligence (AI). Retrieved from https://www. andchange.com/transforming-change-management-artificial-intelligence-ai/. Accessed on July 17, 2018.

Polanyi, K. (1945). *Origins of our time: The great transformation*. London: V. Gollancz.

Prosci. (n.d.). A change management office primer. Retrieved from https://www.prosci.com/change-management/thought-leadership-library/achangemanagement-office-primer. Accessed on July 17, 2018.

Pullen, J. P. (2014). Everything you need to know about Uber. Time, November 04. Retrieved from http://time.com/3556741/uber/. Accessed on July 17, 2018.

Regalado, A. (2013). Who coined "cloud computing"? *MIT Technology Review*, December 30. Retrieved from https://www.technologyreview.com/s/425970/who-coined-cloud-computing/. Accessed on July 17, 2018.

Regulation (EU).(2016). 2016/679，2016 年 4 月 27 日，欧洲议会及理事会针对自然人在处理个人数据及自由传输此类数据时的保护而制定的规范，并同时废止指令 95/46/EC（通用数据保护条例，以下称 "GDPR"），*Official Journal of the European Union*, L 119, 1。

Reuters Graphics. (n.d.). COBOL blues. Retrieved from http://fingfx.-thomsonreuters.com/gfx/rngs/USA-BANKS-COBOL/010040KH18J/index.html. Accessed on July 17, 2018.

Rezek, M. (2017). The 3 types of fear that are hindering your growth as a leader. Inc., July 10. Retrieved from https://www.inc.com/maryrezek/overcome-3-main-reasons-people-fear-speaking-up.html. Accessed on July 17, 2018.

Rick, T. (2018, April 30). Culture change is key in digital transformation. Retrieved from https://www.torbenrick.eu/blog/culture/culture-changeiskey-in-digital-transformation. Accessed on July 17, 2018.

Roberto, D. A. (2005). Change through persuasion. Harvard Business Review, February. Retrieved from https://hbr.org/2005/02/changethroughpersuasion. Accessed on July 17, 2018.

Robertson, P. (2007). *Always change a winning team*. London:

Cyan.

Rogers, E. M. (2003). *Diffusion of innovations* (5th ed.). New York, NY: Free Press.

Rogow, B. J. (n.d.). Demand chains. Retrieved from http://demandchains.com/about-us/bruce-j-rogow. Accessed on July 17, 2018.

Rosenberg, M., Confessore, N., & Cadwalladr, C. (2018). How Trump consultants exploited the Facebook data of millions. *The New York Times*, March 17. Retrieved from https://www.nytimes.com/2018/03/17/us/politics/cambridge-analytica-trump-campaign.html. Accessed on July 17,2018.

Rosenblat, A. (2016). The truth about how Uber's app manages drivers. *Harvard Business Review*, April 7. Retrieved from https://hbr.org/2016/04/the-truth-about-how-ubers-app-manages-drivers. Accessed on July 17, 2018.

Rushe, D. (2018). Facebook posts $4.3bn profit as Zuckerberg laments "hard year" . *The Guardian*, January 31. Retrieved from https://www.theguardian.com/technology/2018/jan/31/facebook-profit-markzuckerberg. Accessed on July 17, 2018.

Sandberg, S. (2018, March 21). Facebook post at 12:40 p.m. Retrieved from https://www.facebook.com/sheryl/posts/10160055807270177. Accessed on July 17, 2018.

SARB Media Relations. (2018). Typical daily SA interbank settlements done in under 2 hrs. *BIZ News*, June 06. Retrieved from https://www.biznews.com/global-investing/2018/06/06/sarb-block-chain-pilotdailyinterbank-settlements/. Accessed on July 17, 2018.

Satell,G. (2014).Alook back atwhy blockbuster really failed andwhy it didn't have to. Forbes, September 21. Retrieved from https://www.forbes.com/sites/gregsatell/2014/09/05/a-lookback-at-why-blockbuster-reallyfailed-and-why-it-didnt-have-to/#50ceb9431d64. Accessed on July 17, 2018.

Scania Connected Services. (2017, September 29). Scania One – the digital platform for connected services. Scania. Retrieved from https://www.scania.com/group/en/scania-one-the-digital-plat-form-for-connected-services/. Accessed on July 17, 2018.

Schneider, N. (2018, March 28). Mark Zuckerberg: Give up Facebook control. Retrieved from https://www.corpgov.net/2018/03/markzuckerberg-give-up-facebook-control/. Accessed on July 17, 2018.

Scriven, M., & Paul, R. (n.d.). Defining critical thinking. Retrieved from http://www.criticalthinking.org/pages/defining-criti-cal-thinking/766. Accessed on July 17, 2018.

Segran, E. (2018). Luxury shoe startup Tamara Mellon just snagged $24 million. *Fast Company*, June 05. Retrieved from https://www.fastcompany.com/40581360/luxury-shoe-startup-tamara-mellon-justsnagged-24-million. Accessed on July 17, 2018.

Senge, P. M. (1990). *The fifth discipline: The art and practice of the learning organization*. New York, NY: Doubleday.

Shah, N., Irani, Z., & Sharif, A. M. (2017). Big data in an HR context: Exploring organizational change readiness, employee attitudes and behaviors. *Journal of Business Research*, 70, 366–378. doi:10.1016/j.jbusres.2016.08.010.

Siddiqui, F. (2018). Why D. C. is targeting the ride-hail industry. *The Washington Post*, March 31. Retrieved from https://www.washingtonpost.com/local/trafficandcommuting/why-dc-is-targeting-the-ride-hail-industry/2018/03/31/ef01fca8-3473-11e8-94fa32d48460b955story.html. Accessed on July 17, 2018.

Sinclair, J., & Wilken, R. (2009). Sleeping with the Enemy: Disintermediation in Internet Advertising. *Media International Australia*, 132(1), 93–104. doi:10.1177/1329878x0913200110.

Society for Risk Management. (2005). *RIMS Annual Report 2005*. Retrieved from https://www.rims.org/aboutRIMS/AnnualReports/Documents/2005annualreport.pdf. Accessed on July 17, 2018.

Stackpole, B. (2008). Five mistakes IT groups make when training endusers. *CIO*, March 13. Retrieved from https://www.cio.com/article/2436969/training/five-mistakes-it-groups-make-when-training-end-users.html. Accessed on July 17, 2018.

Stollman, J. (2017, March 23). Disruption: The new frontier for governance and risk professionals. Retrieved from https://www.governanceinstitute.com.au/news-media/blog/2017/mar/disruption-the-new-frontier-forgovernance-and-risk-professionals/. Accessed on July 17, 2018.

Streitfeld, D. (2018). Data-crunching is coming to help your boss manage your time. *The New York Times*, January 19. Retrieved from https://www.nytimes.com/2015/08/18/technology/data-crunching-is-coming-to-helpyour-bossmanage-your-time.html. Accessed on July 17, 2018.

Subbiah, K., & Buono, A. F. (2013). Internal consultants as change agents: Roles, responsibilities and organizational change capacity. *Academy of Management Proceedings*, 2013(1), 10721. doi:10.5465/ambpp.2013.10721abstract.

Swaminathan, A., & Meffert, J. (2017). *Digital @ scale: The playbook you need to transform your company.* Hoboken, NJ: John Wiley & Sons.

Taylor, B. (2016). How Domino's pizza reinvented itself. *The New York Times*, November 28. Retrieved from https://hbr.org/2016/11/howdominos-pizzareinvented-itself. Accessed on July 17, 2018.

Tesco: A measurable marketing case study. (2012, July 25). SmartCompany.com. Retrieved from https://www.smartcompany.com.au/people-human-resources/managing/tesco-a-measurable-marketing-casestudy. Accessed on July 17, 2018.

Tesco PLC. (n.d.). Core purpose and values. Retrieved from

https://www.tescoplc.com/about-us/core-purpose-and-values/. Accessed on July 17, 2018.

The Last Kodak moment? (2012). *The Economist*, January 14. Retrieved from https://www.economist.com/node/21542796. Accessed on July 17, 2018.

The Points Guy. (2014, December 22). Insider series: What Uber drivers know about passengers. Retrieved from https://thepointsguy. com/2014/12/insider-series-what-uber-drivers-know-aboutpassengers/. Accessed on July 17, 2018.

The role of the sponsor in bringing change to a project. (2011, July 06). Bright Hub Project Management. Retrieved from https:// www.brighthubpm.com/change-management/39144-sponsoring-a-change management-initiative/. Accessed on July 17, 2018.

Thompson, D. (2018). Disneyflix is coming. And netflix should be scared. *The Atlantic*, May 17. Retrieved from https://www.theatlantic.com/magazine/archive/2018/05/disneyflix-netflix/556895/. Accessed on July 17, 2018.

Tirone, J. (2018, February 16). Banks replaced with blockchain at international food program. Bloomberg. Retrieved from https://www. bloomberg.com/news/articles/2018-02-16/banks-replaced-withblock-chainat-international-food-program. Accessed on July 17, 2018.

Ton, J. (2018). It's all Greek to me – how executives can learn the language of technology. *Forbes*, March 28. Retrieved from https://

www.forbes.com/sites/forbestechcouncil/2018/03/28/its-all-greek-to-mehowexecutives-can-learn-the-language-of-technology/. Accessed on July 17, 2018.

Tower, B. (2017). How IoT Data collection and aggregation with local event processing work. Retrieved from https://blog.equinix.com/blog/2017/11/29/how-iot-data-collection-and-aggregation-with-local-eventprocessingwork/. Accessed on July 17, 2018.

Toyota. (2014, December 09). *Nemawashi – Toyota production system guide*. Retrieved from http://blog.toyota.co.uk/nemawashitoyotaproduction-system. Accessed on July 17, 2018.

Tozzi, J. (2007). Bloggers bring in the big bucks. *Business Week*, July 13. Retrieved from https://web.archive.org/web/20080215230339/http://www.businessweek.com/smallbiz/content/jul2007/sb20070713_202390.htm. Accessed on July 17, 2018.

Trello Enterprise. (n.d.). *Trello*. Retrieved from https://trello.com/enterprise. Accessed on July 17, 2018.

Trust, T. (2017). 2017 ISTE Standards for educators: From teaching with technology to using technology to empower learners. *Journal of Digital Learning in Teacher Education*, 34(1), 1–3. doi:10.1080/21532974.2017.1398980.

Tufte, E. (2003). PowerPoint is evil. *Wired*, September 01. Retrieved from https://www.wired.com/2003/09/ppt2/. Accessed on July 17, 2018.

Twitter. (n.d.). The Twitter rules. Retrieved from https://help.twitter.com/en/rules-and-policies/twitter-rules. Accessed on July 17, 2018.

UN Blockchain. (2018, April 04). Multi-UN agency platform. Retrieved from https://un-blockchain.org/category/wfp/. Accessed on July 17, 2018.

United Nations. (n.d.). Laboratory for organizational change and knowledge (UNLOCK). Retrieved from https://www.unssc.org/featuredthemes/united-nations-laboratory-organizational-change-and-knowledgeunlock/. Accessed on July 17, 2018.

University of Minnesota, perfect competition: A model. Retrieved from https://open.lib.umn.edu/principleseconomics/chapter/9-1-perfectcompetition-a-model/. Accessed on July 17, 2018.

University of Minnesota, The nature of monopoly. Retrieved from https://open.lib.umn.edu/principleseconomics/chapter/10-1-the-nature-of-monopoly/.Accessed on July 17, 2018.

Valente, T. W., & Pumpuang, P. (2006). Identifying opinion leaders to promote behavior change. *Health Education & Behavior*, 34(6), 881–896. doi:10.1177/1090198106297855.

Van der Zee, I. (2002). *Measuring the value of information technology*. Hershey, PA: IRM Press.

Virgin Atlantic. (n.d.). Our culture. Virgin Atlantic Careers. Retrieved from https://careersuk.virgin-atlantic.com/life-at-virgin-atlantic/culture. Accessed on July 17, 2018.

Virgin Group. (2016, February 17). Our purpose. Retrieved from https://www.virgin.com/virgingroup/content/our-purpose-0. Accessed on July 17, 2018.

Wagner, K. (2018). Mark Zuckerberg says he's "fundamentally uncomfortable" making content decisions for Facebook. *Recode.net*, March 22. Retrieved from https://www.recode.net/2018/3/22/17150772/markzuckerberg-facebook-content-policy-guidelines-hate-free-speech. Accessed on July 17, 2018.

Wakabayashi, D.,& Shane, S. (2018). Google will not renew pentagon contract that upset employees. *The New York Times*, June 1. Retrieved from https://www.nytimes.com/2018/06/01/technology/google-pentagonprojectmaven.html. Accessed on July 17, 2018.

Wang, L. (2015). When the customer is king: Employment discrimination as customer service. *Virginia Journal of Social Policy and the Law*, 23, 249.

Wang, Y., Kung, L., & Byrd, T. A. (2018). Big data analytics: Understanding its capabilities and potential benefits for healthcare organizations. *Technological Forecasting and Social Change*, 126, 3–13. doi:10.1016/j.techfore.2015.12.01.

Waychal, P. (2016). A framework for developing innovation competencies. *2016 ASEE Annual Conference & Exposition Proceedings*, p. 3. doi:10.18260/p.26321.

Weinstein, P. V. (2014). To close a deal, find a champion. *Har-*

*vard Business Review*, November 05. Retrieved from https://hbr. org/2014/09/toclose-adeal-find-a-champion. Accessed on July 17, 2018.

West, D. M. (2018). *The future of work: Robots, AI, and automation*. Washington, DC: Brookings Institution Press.

Westerman, G., Bonnet, D., & McAfee, A. (2014). *Leading digital: Turning technology into business transformation*. Boston, MA: Harvard Business Review Press.

What is internal audit? (n.d.). Chartered Institute of Internal Auditors. Retrieved from https://www.iia.org.uk/about-us/what-is-internal-audit/. Accessed on July 17, 2018.

Winsor, S. (2015, April 16). Adopt big data, or else. Corn and soybean digest. Retrieved from http://www.cornandsoybeandigest. com/precisionag/adopt-big-data-or-else. Accessed on July 17, 2018.

Wong, J. C. (2018). Mark Zuckerberg apologises for Facebook's "mistakes" over Cambridge analytica. *The Guardian*, March 22. Retrieved from https://www.theguardian.com/technology/2018/mar/21/ markzuckerbergresponse-facebook-cambridge-analytica. Accessed on July 17, 2018.

Workday. (2017). Workday for financial services. Retrieved from https://www.workday.com/content/dam/web/en-us/documents/datasheets/datasheet-workday-for-financial-services-us.pdf. Accessed on July 17, 2018.

World Food Programme. (n.d.). Building blocks. Retrieved from http://innovation.wfp.org/project/building-blocks. Accessed on July 17, 2018.

Wu, F., & Cavusgil, S. T. (2006). Organizational learning, commitment, and joint value creation in interfirm relationships. *Journal of Business Research*, 59(1), 81–89. doi:10.1016/j.jbusres.2005.03.005.

Yang, C., Huang, Q., Li, Z., Liu, K., & Hu, F. (2017). Big data and cloud computing: innovation opportunities and challenges. *International Journal of Digital Earth*, 10(1), 13–53. doi:10.1080/1753894 7.2016.1239771.

Yohn, D. L. (2017). Walmart won't stay on top if its strategy is "Copy Amazon". *Harvard Business Review*, July 25. Retrieved from https://hbr.org/2017/03/walmart-wont-stay-on-top-if-its-strategy-is-copy-amazon. Accessed on July 17, 2018.

Zabecki, D. T. (2015, May). Military developments of world war I. In Ute Daniel, Peter Gatrell, Oliver Janz, Heather Jones, Jennifer Keene, Alan Kramer & Bill Nasson (Eds.), issued by Freie Universität Berlin, Berlin 2015-05-07. *1914–1918 online. International Encyclopedia of the First World War*. doi: 10.15463/ie1418.10636.

Zuckerberg, M. (2018, March 21). Facebook post at 12:36 p.m. Retrieved from https://www.facebook.com/sheryl/posts/1016ro0055807270177. Accessed on July 17, 2018.

# 案例索引

**技术公司与相关技术**

SalesForce

SAP

SAP Concur

SharePoint

智能手机

Snapchat

软件即服务（SaaS）

推特（Twitter）

优利（Unisys）

WebEx

Workday


**行业**

农产商品

分销

航空

银行业

数码相机

教育

渔船队

鞋类

共享经济

出租车

运输

卡车制造

货车运输

拖船运营商

## 公司 / 组织

非洲母亲健康

亚马逊（Amazon）

美国电话电报公司（AT&T）

百事达（Blockbuster）

宝马（BMW）

嘉吉（Cargill）

嘉信理财（Charles Schwab）

CHG 医疗保健（CHG Healthcare）

迪士尼（Disney）

达美乐（Domino's）

富达投资（Fidelity）

通用电气（GE）

汇丰银行（HSBC）

IBM

国际原子能机构（IAEA）

国际教育技术协会（ISTE）

周仰杰（Jimmy Choo）

柯达（Kodak）

来福车（Lyft）

麦当劳（McDonald's）

网飞（Netflix）

澳大利亚新闻集团（NewsCorps）

斯堪尼亚（Scania）

星巴克（Starbucks）

塔塔集团（Tata Group）

特斯拉（Tesla）

优步（Uber）

英国政府数据服务（GDS）

联合国儿童基金会（UNICEF）

联合国发展集团（UNDG）

联合国开发计划署（UNDP）

联合国难民事务高级专员（UNHCR）

联合国项目事务厅（UNOPS）

联合国妇女署（UN Women）

联合国（UN）

美国联邦贸易委员会

沃尔玛（Wal-Mart）

富国银行（Wells Fargo）

惠而浦（Whirlpool）

世界粮食计划署（WFP）

# 致谢

在此我们谨向丛书编辑主任兼商业、财经及经济类书籍主管，Emerald 出版集团的 Pete Baker 先生致以真挚感谢。我们也要感谢我们选题的 3 名匿名审稿人，他们的评论对我们改进和澄清本书主旨及涵盖范围颇有帮助。应加以感谢的还有 Emerald 出版的商业、管理、经济及财经类书籍编辑助理 Katy Mathers，感谢她不辞辛劳给予我们的支持。当然也不能忘了为我们设计封面的 Mike Hill。

十分感谢我们的研究助理 Kathleen Guan 所做的大量文案编辑、脚注及调查工作，如果没有她的出色表现，本书必定会有所欠缺。也要感谢拉丁文领域的著名学者 Jonas Howard 所提供的帮助，正如老话说的：姜还是老的辣。

感谢 Claire Messina、Miguel Panadero、Mads Svendsen、Sabine Bannot 以及 Daphne Moench 等人为我们提供的支持和见解。也要感谢 Joseph Ippolitois 对最初的书籍选题所提的意见，以及他对人工智能和相关经营策略给出的前瞻视角。感谢 Gerald C. Anderson 与我们分享了他的领导力理念，以及对战略及战术性变革管理工具及技术的深入洞察。

此外，我们还要感谢我们的家人，在我们忙于写作无暇他顾时承担了家中多数家务劳动。如果没有来自我们另一半的支持，本书想必也难以面世。

也要为此书向我们曾经和现在的诸多同事致以谢意。重要的是，本书中所表达的观点意见，均为作者自己所独有，并非对作者以往或当前雇主或所属机构所持有观念的附和。本书中所列案例素材均基于公共领域中有明确引用来源的例子。书中的假设由我们自己作出，并不代表任何引用来源的立场。

**图书在版编目（CIP）数据**

数字化颠覆 / （英）延斯·P.弗兰丁，（英）吉纳维芙·M.格拉蒙，（英）塞拉·Q.考克斯 著；风君 译 . — 北京：东方出版社，2020.7
书名原文：The Technology Takers: Leading Change in the Digital Era
ISBN 978-7-5207-1470-9

Ⅰ.①数… Ⅱ.①延… ②吉… ③塞… ④风… Ⅲ.①数字技术—应用—企业管理—研究 Ⅳ.① F272.7

中国版本图书馆 CIP 数据核字（2020）第 037558 号

----------------------------------------------------------------

This translation of The Technology Takers by Jens P. Flanding, Ph.D.; Genevieve M. Grabman, J.D.; Sheila Q. Cox, MBA is published under licence from Emerald Publishing Limited of Howard House, Wagon Lane, Bingley, West Yorkshire, BD16 1WA, United Kingdom.

THE TECHNOLOGY TAKERS: LEADING CHANGE IN THE DIGITAL ERA
by
JENS P. FLANDING, GENEVIEVE M. GRABMAN, SHEILA Q. COX
Copyright © 2019 Emerald Publishing Limited
This edition arranged with Emerald Publishing Limited
through Big Apple Agency, Inc., Labuan, Malaysia.
Simplified Chinese edition copyright: 2020
People's Oriental Publishing & Media Co., Ltd. (Oriental Press)
All rights reserved.

----------------------------------------------------------------

本书中文简体字版权由大苹果公司代理
中文简体字版专有权属东方出版社
著作权合同登记号 图字：01-2019-2810号

**数字化颠覆**
（SHUZIHUA DIANFU）

----------------------------------------------------------------

作　　者：[英]延斯·P.弗兰丁　[英]吉纳维芙·M.格拉蒙　[英]塞拉·Q.考克斯
译　　者：风 君
责任编辑：陈丽娜　许正阳
出　　版：东方出版社
发　　行：人民东方出版传媒有限公司
地　　址：北京市朝阳区西坝河北里 51 号
邮　　编：100028
印　　刷：北京文昌阁彩色印刷有限责任公司
版　　次：2020 年 7 月第 1 版
印　　次：2020 年 7 月第 1 次印刷
开　　本：630 毫米 × 950 毫米　1/16
印　　张：19
字　　数：173 千字
书　　号：ISBN 978-7-5207-1470-9
定　　价：59.80 元
发行电话：（010）85924663　85924644　85924641

----------------------------------------------------------------